O pequeno livro das curiosidades matemáticas e criminológicas

Tulio Kahn

2021

Sumário

O pequeno livro das curiosidades matemáticas e criminológicas.........................1

Introdução...3

O paradoxo de Simpson e o aumento dos homicídios entre os negros...............4

A influência dos fatores extrajurídicos no sistema de justiça criminal 9

Estatísticas Criminais e a Lei de Newcomb-Benford 14

"A culpa é das estrelas": zodíaco e criminalidade 1.........................18

"A culpa é das estrelas": zodíaco e criminalidade – 2.........................22

Quer saber a tendência de roubo de veículos? Pergunte ao Google!................26

Sobre retas, curvas e os fenômenos criminais não lineares 28

Contando Multidões..31

Discutindo armas na rede: diga-me com quem andas e eu vos direi quem és. 35

Metodologia 36

Bibliografia 45

Relação entre renda e crimes contra o patrimônio: ilustrando com LISA MAPS 46

Perfil Geográfico ou como Sir Isac Newton ajudou a capturar "Ferrugem" 49

Estudo de caso 2: o maníaco de Guarulhos 53

Índice de Criminalidade..54

Introdução

Como boa parte das crianças em idade escolar, não tinha muito apreço pela matemática na juventude e também me perguntava "pra que raios vou usar isso na vida?". Mais tarde percebi que na verdade o problema estava na forma desinteressante como a matemática é ensinada nas escolas e hoje adoro livros sobre a história ou curiosidades e passatempos matemáticos. E que mesmo tendo me direcionado para as ciências sociais, o uso da matemática e da estatística é quase cotidiano e fundamental para o entendimento da realidade social.

Os artigos reunidos aqui foram escritos em diversos períodos e com décadas de distância entre eles. Creio que a ligação comum é o uso da matemática e da estatística – mesmo que ela não apareça frontalmente no texto – e como mesmo um tema pesado como a criminologia tem situações e temas curiosos e que podem se beneficiar muito com o uso desta ferramenta.

A leitura não requer conhecimento matemático além do básico e entre outros assuntos, mostramos o paradoxo de Simpson e como as conclusões sobre um fenômeno podem ser opostas, dependendo se analisamos dados globais de um fenômeno ou somente dados de subgrupos que o formam. Como advogados espertos usam a composição do júri e suas predisposições psicológicas (ou seja, lançam mão de um viés de seleção) para propositalmente influenciar as decisões nos tribunais. Também veremos como uma lei matemática chamada Newcomb-Benford pode ser utilizada para detectar casos de fraude e como a probabilidade pode ser utilizada para questionar as "correlações" entre o zodíaco, horóscopos e criminalidade.

Você verá também como os algoritmos de busca do google podem ajuda-lo a conhecer tendências sobre roubos de veículos e outras tendências sociais, como conceitos físicos como ponto de inflexão podem ser aplicados aos fenômenos sociais, como a topologia e conceitos como vértices e arestas são utilizadas atualmente para analisar redes criminais. Entrando na geoestatística, ilustramos como as matrizes de proximidade espaciais são usadas para identificar padrões criminais nos mapas ou ainda como a função newtoniana de queda de distância saiu da astronomia e foi incorporada na investigação de crimes seriais. Finalmente, revivemos uma antiga metodologia para calcular um índice de criminalidade, ponderando crimes segundo a gravidade do código penal, para construir um "ibovespa" do crime.

Em conjunto, creio que os artigos ilustram razoavelmente como a matemática e estatística, mesmo elementares, podem ser usadas de forma criativa para aprofundar um campo de conhecimento que em geral julgamos pouco permeável às ciências exatas. Não diria que chega a ser um livro divertido, mas espero ao menor estimule a curiosidade de quem se interessa pelos fenômenos criminais.

Tulio Kahn, São Paulo, 17 de maio de 2021

O paradoxo de Simpson e o aumento dos homicídios entre os negros

Tulio Kahn

Questão de matemática. Se compararmos a média de mortes por agressão do quadriênio 1997-2000 com o quadriênio 2016-2019 no Estado do Mato Grosso do Sul, veremos que as mortes de brancos cresceram 51,9%, de pardos 217,2% e de pretos 163,4% entre um período e outro. Qual foi a variação do total de mortes no Estado neste período?

a) 104,9%
b) -12,9%
c) 3,14%
d) 144,2%

Acredito que poucos tenham optado pela alternativa b) -12,9%, que no entanto é a alternativa correta. Mas como é possível que as mortes tenham crescido em todos os grupos raciais e, quando analisamos o dado geral, observamos uma queda na quantidade de mortes?

Esta situação é mais frequente do que se imagina[1] e é conhecida na literatura estatística como o Paradoxo de Simpson. Tomando uma definição simples, "é um paradoxo da estatística no qual um conjunto de dados completo aponta em uma direção, mas uma análise de subconjuntos aponta na direção contrária". https://proec.ufabc.edu.br/gec/o-que-que-a-ciencia-tem/paradoxo-de-simpson/

É exatamente o que vemos no exemplo das mortes por agressão no MS em que os dados completos mostram uma queda enquanto a análise dos subconjuntos (raça/cor) aponta crescimento. O problema do enunciado acima é que ele é incompleto: sabemos quanto variaram as agressões em cada grupo no período. Mas não sabemos nada a respeito da quantidade ou da porcentagem relativa de vítimas de cada grupo racial no total de casos. É verdade que as mortes por agressão cresceram intensamente entre os pretos, mas também é verdade que os pretos representam apenas 4,9% da população do Estado. Assim, o peso deste crescimento é pequeno quando trabalhamos com os dados agregados.

Tanto o dado do crescimento entre os grupos raciais como o dado de queda das mortes no Mato Grosso do Sul são verdadeiros. A lição do Paradoxo de Simpson é que não se pode inferir uma tendência geral apenas a partir dos dados dos subgrupos, quando estes subgrupos são muito desiguais em alguma característica relevante (no caso, a distribuição racial da população).

Toda esta introdução tem o sentido de alertar que é preciso muito cuidado ao analisarmos algumas tendências baseadas em subgrupos, quando algumas informações relevantes para a análise estão omitidas.

---

[1] O caso do DF é parecido, com crescimento de 92,1% entre os pretos e de 30,2% entre os brancos no período. Há uma queda ligeira de -6,4% entre os pardos, mas assim mesmo é curioso que os resultados dos dados completos apontem uma queda global de - 8,6% nas mortes por agressões no DF. Como se vê o paradoxo é mais frequente do que se imagina

Mais uma vez gostaria de discutir neste artigo o fenômeno do crescimento da morte de pretos (44,2%) e pardos (158,3%) no país como um todo no período analisado, o que é um fato indiscutível. O que ainda está em disputa é a interpretação adequada para os fatos.

A interpretação mais comum que se dá ao fenômeno é que se trata simplesmente de racismo, tanto mais quando as mortes, ao contrário, caem no subgrupo dos brancos (-10,2%) no período. Sim, o racismo existe, é abjeto e explica parte desta tendência.

Uma hipótese alternativa, contudo, é de que o crescimento mais intenso na morte de negros (juntando aqui as categorias pretos e pardos) guarde uma relação com o deslocamento geográfico dos homicídios no país nas últimas décadas, do Sudeste em direção ao Norte e Nordeste. Como no caso do paradoxo de Simpson, há um dado ausente nesta discussão: a composição racial dos diversos Estados.

A tabela abaixo está organizada de acordo com a proporção de brancos na população, da menor (20,9%) em Roraima para a maior em Santa Catarina (88,1%). Além disso, nas três primeiras colunas vemos a porcentagem de homicídios concentrados no Estado no final dos anos 90 (1997 a 2000), a porcentagem que passou a concentrar entre 2016/2019 e a variação percentual entre os dois períodos.

Mortalidade por causas externas – agressões, por UF. Variação entre períodos selecionados. Porcentagem de população por cor e UF

Un	idade da Feder	media1	media2	var	branca	preta	parda
14	Roraima	0,30%	0,49%	64,30	20,9	6	60,9
13	Amazonas	1,22%	2,78%	128,39	21,2	3,1	69
15	Pará	1,74%	7,39%	324,58	21,6	7	69,9
21	Maranhão	0,72%	3,68%	413,54	21,9	11	66,9
29	Bahia	3,17%	11,38%	259,28	22	23,4	59,5
12	Acre	0,21%	0,72%	233,74	23,3	5,7	66,9
16	Amapá	0,38%	0,63%	66,05	23,8	8,4	65,7
22	Piauí	0,38%	1,12%	195,62	24,2	9,3	64,3
17	Tocantins	0,32%	0,94%	189,19	24,5	9,1	63,6
28	Sergipe	0,65%	2,17%	235,62	27,7	8,9	61,8
27	Alagoas	1,47%	2,75%	87,59	31	6,6	60,8
23	Ceará	2,52%	7,28%	188,66	31,6	4,6	62,3
11	Rondônia	1,02%	0,97%	- 5,42	35	6,8	55,8
26	Pernambuco	9,75%	7,79%	- 20,07	36,5	6,4	55,5
51	Mato Grosso	2,00%	1,84%	- 7,82	37,2	7,4	52,8
25	Paraíba	1,09%	2,17%	99,74	39,7	5,6	52,9
24	Rio Grande do	0,55%	3,21%	484,57	40,8	5,2	52,8
52	Goiás	1,98%	4,71%	137,96	41,4	6,5	50,3
53	Distrito Federa	1,52%	1,05%	- 30,63	41,8	7,6	48,6
32	Espírito Santo	3,54%	2,22%	- 37,39	42,1	8,3	48,7
31	Minas Gerais	3,84%	6,72%	74,93	45,1	9,5	44,6
50	Mato Grosso do	1,53%	1,01%	- 33,86	46,8	4,9	44,1
33	Rio de Janeiro	17,63%	9,01%	- 48,92	53,6	12,9	33,6
35	São Paulo	33,89%	6,99%	- 79,38	61,7	7,2	35,7
41	Paraná	3,92%	4,39%	12,02	70,1	3,1	25,4
43	Rio Grande do	3,72%	5,03%	35,01	84,7	5,2	10,4
42	Santa Catarina	0,95%	1,57%	65,53	88,1	2,9	9

Fonte: Datasus / IBGE

Como é possível observar, estados como Pará, Maranhão, Bahia, Acre, Piauí, Tocantins, Sergipe e Ceará, aumentaram intensamente sua participação relativa no total de mortes do País. E estes estados, são também os que têm uma baixa porcentagem de brancos e alta porcentagem de negros na população. Por outro lado, estados como São Paulo, Rio de Janeiro,

Mato Grosso do Sul ou Paraná, reduziram sua participação relativa no total de mortes. O caso de São Paulo é o mais notável: no início do período São Paulo concentrava 33,9% dos homicídios e no período seguinte apenas 6,9%, uma queda de quase 80%. Ocorre que estes estados na parte de baixo da tabela são também aqueles que têm uma grande população branca.

Se dividirmos a tabela ao meio, vemos que o primeiro grupo de estados – de Roraima ao Ceará – viu sua participação nos homicídios crescer de 13% para 41,3% nestas décadas (ou 216%). Nestes mesmos locais os negros representam entre 65 a 80% da população. O segundo grupo – de Rondônia a Santa Catarina – viu sua participação nos homicídios diminuir de 87% para 58,6% no período (ou -32,4%). E neste grupo os brancos são muito mais presentes.

Similarmente, o gráfico de dispersão abaixo ilustra o fenômeno: há uma relação negativa entre a variação dos homicídios em números absolutos nas últimas décadas e a porcentagem de brancos na população do Estado.

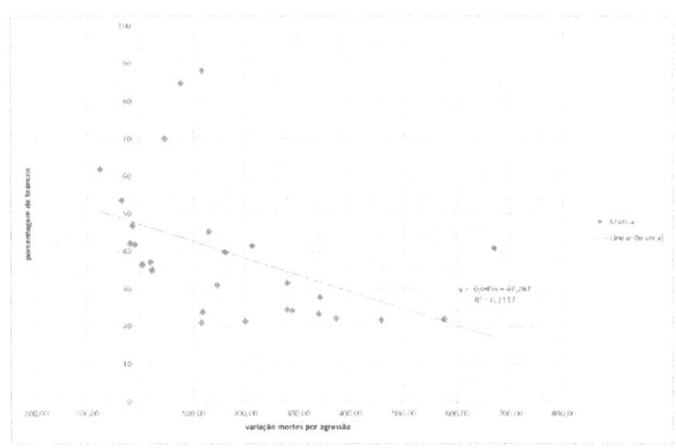

A análise sugere que parte da explicação para o fenômeno do crescimento do homicídio negro no país tem relação com o mero deslocamento geográfico dos homicídios, que ocorre por motivos não relacionados à discriminação. A violência explodiu nos Estados com mais negros e diminuiu nos Estados com brancos e isso por si só, sem recorrer à hipótese do racismo, explica parte do fenômeno. De maneira geral, os homicídios crescem entre todos os grupos raciais nos Estados que tiveram crescimento dos homicídios e caem entre todos os grupos raciais nos Estados que apresentaram queda – com exceção do Espírito Santo.

O que se pode alegar em favor da hipótese do racismo é que, dentro de cada Estado, a velocidade do crescimento é diferente entre os grupos raciais: regra geral, intensidade menor entre os brancos, média entre os pretos e elevada entre os pardos. (Note-se que em alguns Estados o crescimento das mortes entre os brancos foi maior do que entre os pretos: AM, RO, CE, RN. É principalmente o crescimento entre os pardos que chama a atenção para a desigualdade).

A tabela abaixo traz a variação dos homicídios entre os dois períodos, para cada grupo racial.

dade da Federação	var preta	var parda	var branca	var total
Rondônia	97,30	183,50	55,87	24,56
Acre	933,33	1.328,57	162,50	339,51
Amazonas	145,45	217,37	153,57	200,77
Roraima	76,92	172,07	106,06	116,37
Pará	674,14	685,52	340,93	459,13
Amapá	288,89	147,02	24,39	118,67
Tocantins	323,08	542,98	108,70	280,83
Maranhão	448,88	942,86	422,07	576,29
Piauí	294,23	446,11	139,29	289,30
Ceará	27,06	683,59	146,28	280,13
Rio Grande do Norte	117,65	1.076,43	248,76	669,83
Paraíba	350,00	574,41	89,54	163,04
Pernambuco	49,38	108,71	15,91	5,26
Alagoas	- 26,09	368,30	- 69,38	147,04
Sergipe	334,00	1.046,88	100,81	341,98
Bahia	1.460,87	1.291,64	557,64	373,15
Minas Gerais	344,44	200,33	121,80	130,36
Espírito Santo	28,71	128,68	- 28,53	- 17,55
Rio de Janeiro	- 24,50	- 6,15	- 47,49	- 32,73
São Paulo	- 71,18	- 63,85	- 69,17	- 72,84
Paraná	93,82	169,33	90,59	47,52
Santa Catarina	231,58	657,47	187,08	117,99
Rio Grande do Sul	123,44	203,55	70,43	77,80
Mato Grosso do Sul	163,41	217,23	51,95	- 12,90
Mato Grosso	34,38	100,62	0,94	21,40
Goiás	503,81	645,05	225,88	213,38
Distrito Federal	92,13	- 6,40	30,20	- 8,65
Total	44,26	158,29	- 10,26	31,69

onte: Datasus

Mesmo aqui, é possível pensar em vários fatores explicativos que não estão necessariamente ligados ao racismo. O Estatuto do Desarmamento teve efeito principalmente sobre as armas legais e na redução dos homicídios interpessoais e afetou menos a violência sistêmica, relacionada à dinâmica criminal. Assim, as diferenças na distribuição racial entre os tipos de homicídio (interpessoal ou criminal) podem explicar as diferenças de intensidade no aumento dos homicídios. Se homicídios de brancos são relativamente mais interpessoais, o Estatuto teve maior impacto neste grupo.

Sabemos também que as ocorrências de tráfico cresceram mais intensamente no Norte/Nordeste do que nas outras Regiões. Se mortes ligadas ao tráfico de drogas cresceram nas últimas décadas, especialmente no Norte e Nordeste e negros são as principais vítimas desta modalidade de homicídios, isto também se reflete nas diferentes intensidades de crescimento.

Em resumo, é preciso analisar em detalhes cada modalidade de homicídio e verificar como as diferentes raças se distribuem com relação a ele, pois o crescimento de uma modalidade na qual a incidência de negros seja mais elevada pode impactar na intensidade desigual de crescimento dos homicídios entre os grupos raciais. Novamente aqui – impactos do Estatuto do Desarmamento ou crescimento do tráfico de drogas mais intenso no Norte/Nordeste – o crescimento mais intenso nos homicídios negros pode ser explicado por razões que guardam pouca relação com o preconceito racial dos autores destes homicídios.

Até mesmo a tendência identificada nas diversas PNADs, de crescimento na autoclassificação de negros e diminuição na de brancos, em razão do fortalecimento da identidade cultural ou das ações afirmativas, pode estar contribuindo para o fenômeno. https://g1.globo.com/economia/noticia/2019/05/22/em-sete-anos-aumenta-em-32percent-a-populacao-que-se-declara-preta-no-brasil.ghtml.

Voltando ao Paradoxo de Simpson, às vezes são necessárias informações adicionais para compreender o problema como um todo e não basta apenas invocar o crescimento maior dos homicídios entre os negros (que é verdadeiro) e afirmar que se trata de racismo. Curiosamente, um dos exemplos mais famosos do Paradoxo de Simpson é o da acusação de preconceito de gênero na admissão de candidatos na Universidade de Berckley, Califórnia. Os dados agregados mostravam claramente um desvio estatístico em relação aos candidatos do sexo masculino. Quando os dados foram desagregados por departamento, os resultados mostravam justamente o oposto, um ligeiro viés em favor das mulheres. O problema residia num preconceito mais profundo, um processo de socialização diferente que faz com que as mulheres tendam a se candidatar para certo tipo de carreiras. https://homepage.stat.uiowa.edu/~mbognar/1030/Bickel-Berkeley.pdf

Como venho enfatizando em outras análises, há obviamente uma questão mais profunda de racismo estrutural por traz desde fenômeno. São estas desigualdades raciais históricas que explicam porque os negros tendem a se concentrar geograficamente nas áreas mais pobres e violentas, tem menores índices de ocupação e escolaridade, maiores índices de gravides na adolescência e evasão escolar, etc. – ou seja, acumular diversos fatores de risco que implicam em taxas maiores de homicídio. Mas é crucial distinguir estas situações, pois políticas públicas para tratar de preconceito racial de policiais, por exemplo, são bem diferentes de políticas públicas voltadas a atenuar o racismo estrutural. Treinar as polícias em direitos humanos é necessário, mas não será suficiente enquanto centenas de outros fatores de risco predispõem os negros (em especial jovens e do sexo masculino) ao homicídio. Para atenuar o problema é preciso reconhecer com que racismo estamos lidando.

A influência dos fatores extrajurídicos no sistema de justiça criminal

O direito de ser julgado pelos próprios pares remonta à Magna Carta de 1215 e é considerado um dos pilares da democracia: com base neste princípio, a instituição do júri é adotada em boa parte dos países democráticos regidos pela *common law*, para julgar casos de maior gravidade.

O tribunal do Júri foi instituído no Brasil em 1822 para julgar crimes de imprensa e é responsável atualmente por julgar apenas os crimes dolosos contra a vida – principalmente os homicídios. Neste tipo de tribunal, cabe a um colegiado de populares sorteados para compor o Conselho de Sentença, declarar se o crime aconteceu e se o réu é culpado ou inocente. Desta forma, o magistrado decide conforme a vontade do júri, lê a sentença e fixa a pena, em caso de condenação. Entendida como uma forma de participação democrática, o corpo do júri é formado, em tese, por leigos, que decidem segundo sua livre convicção.

Antes de discutir a questão da composição social dos jurados, é preciso problematizar o conceito de "livre convicção". Pesquisas psicológicas e de economia comportamental tem trazido cada vez mais evidências de que os julgamentos humanos – sejam do júri ou do juiz – e os testemunhos, mesmo oculares, são bastante falhos e sujeitos a erro. A livre convicção não passaria de uma ficção jurídica, necessária para legitimar as decisões do júri.

Estas pesquisas sugerem a existência de "processos cognitivos que atuam abaixo do nível de consciência. Racionalidade é limitada pelas emoções. Pessoas tem bastante dificuldade em exercer autocontrole. Elas percebem o mundo de maneira enviesada. Elas são profundamente influenciadas pelo contexto. Elas são predispostas ao pensamento grupal" (David Brooks, The Social Animal, 2012). Efeito Halo, heurística do afeto, aversão à perda, efeito de ancoragem, heurística da disponibilidade, falácia da conjunção, viés de confirmação, ilusões de habilidade, ilusão do foco, são apenas alguns dos fenômenos descobertos pelos psicólogos e que afetam nossa capacidade de avaliar racionalmente uma situação. (Kahneman, 2011)

A memória objetiva sobre fatos é afetada com o tempo e as pessoas cometem erros quando testemunham sobre crimes ocorridos meses antes. Como observa Brooks, entre 1989 e 2007, mais de 200 prisioneiros americanos foram inocentados com base em evidências de DNA. Mas 77% destes prisioneiros tinham sido condenados anteriormente com base em testemunhos oculares! (Brooks, 2012, p.237). O humor e a felicidade afetam a visão periférica das pessoas, assim como o nível de concentração nas tarefas realizadas naquele momento. Os estereótipos raciais afetam igualmente as avaliações, de modo inconsciente.

Existem estudos sérios (todavia engraçados) que corroboram estas deficiências. Um grupo de pessoas assiste a um jogo de basquete e os pesquisadores pedem para que prestem atenção nas trocas de passes entre os times. Focadas na tarefa, 46% delas simplesmente não conseguiram notar o homem fantasiado de gorila que passa pelo meio da quadra. Um assistente treinado pede informações sobre um endereço aos passantes. Quando a pessoa se distrai, o assistente é trocado por outra pessoa ou troca de cor de camisa. Poucos passantes percebem a troca e respondem as informações solicitadas para outra pessoa. A coisa perde a graça, contudo, quando se trata de uma testemunha de crime, tentando identificar o culpado, sem qualquer dúvida.

As falhas de cognição não afetam apenas testemunhas e jurados, mas também os juízes. Kahneman cita casos judiciais idênticos, mas que receberam decisões diferentes, apenas porque algumas decisões foram proferidas antes do almoço e outras depois. A fome e o cansaço parecem afetar o humor dos juízes ao proferir as sentenças, assim como o trânsito e brigas conjugais afetam o humor dos jurados. (Kahneman, 2011; Kaplan, 1977).

Os advogados parecem ter percebido muito bem a influência dos fatores sócio econômicos e demográficos do júri nas decisões judiciais. Tanto é assim que muitos praticam o que se convencionou chamar de "jury profiling", técnica que usa pesquisas de opinião e matemática para escolher os jurados mais adequados para o caso. Pelo sistema legal americano, tanto a acusação quanto a defesa podem pedir a substituição de certos jurados e a seleção é feita boa parte das vezes com base nas características do jurado, como gênero, idade ou cor – atributos que não deveriam ter nenhum influencia no veredicto, se a escolha fosse puramente racional. (Devlin & Lorden, 2007). No Brasil, acusação e defesa podem rejeitar até 3 jurados.

Exemplar, neste sentido, são as seis orientações do advogado criminalista Ivan Morais Ribeiro sobre como selecionar e se relacionar com os jurados. (https://canalcienciascriminais.jusbrasil.com.br/artigos/304506903/o-promotor-que-tirava-selfie-com-os-jurados). Entre outras observações desta literatura, está a de que "jurados sociólogos são mais maleáveis devido ao seu convívio com as realidades sociais" ou a de que, se a acusada de assassinato for uma mulher bonita, evite mulheres na composição do júri....

O problema da composição social do júri levanta a questão do que significa na verdade ser julgado pelos "seus pares". Os jurados devem ser representativos do perfil da população local? Espelhar o perfil do acusado? A lei não esclarece este ponto, afirmando apenas que para fazer parte do corpo de jurados é preciso ter mais de 18 anos e "notória idoneidade". Pesquisas empíricas sugerem que o perfil do jurado está longe de ser representativo, se usarmos o critério de perfil sócio econômico ou demográfico da população.

Analisando o perfil de 48 jurados da comarca do Recife em 1997, Vainsencher encontrou que os entrevistados são, em sua totalidade, funcionários da administração pública, na ativa ou já aposentados, do sexo masculino, com predominância de idade entre 40 e 59 anos, casados, com nível de instrução superior completo (a maior parte bacharel em Direito) e com experiência em Tribunal do Júri (tendo participado de 20 a 59 sessões). (VAINSENCHER, SEMIRA ADLER E DE FARIAS, ANGELA SIMÕES, 1997).

Numa amostra de 39 jurados colhida em Porto Alegre, Bello encontrou que metade dos jurados tinham 50 anos ou mais de idade, dois terços eram mulheres, 80% brancos e 78% com escolaridade superior, a maioria formada em direito. Desnecessário dizer que tal perfil difere bastante do perfil da população local e muito provavelmente do perfil dos acusados por homicídio doloso. (Bello, 2011). Na pesquisa do Paraná com 802 jurados, 30% dos homens tinham 50 ou mais anos, 65,6% tinham escolaridade superior (83,5% das mulheres - De Lima, 2015). Analisando o perfil de 112 jurados em Rondônia, de Souza encontrou 70% de mulheres (de Souza, 2016).

Como intuíram os advogados há muito tempo, estas diferenças implicam em diferentes propensões à condenação: na pesquisa de Tocantins, por exemplo, a média de condenações de 75% elevava-se a 83% na classe E, e para 78,8% entre os homens.

Este viés no perfil do jurado é claramente o reflexo do artigo 425, §2º do Código de Processo Penal, que determina que "o juiz presidente requisitará às autoridades locais, associações de classe e de bairro, entidades associativas e culturais, instituições de ensino em geral, universidades, sindicatos, repartições públicas e outros núcleos comunitários a indicação de pessoas que reúnam as condições para exercer a função de jurado." Não se trata, portanto, de um sorteio aleatória a partir de uma listagem da população – procedimento que garantiria, segundo a lei dos grandes números, a representatividade com relação à população local. Trata-se antes do que chamaríamos de uma amostra de conveniência, que introduz grandes questionamentos com relação ao significado de "participação popular" ou "julgamento pelos pares".

Vainsencher e de Farias procuraram levantar alguns fatores extrínsecos ao processo que poderiam afetar as decisões dos jurados de Recife. As autoras observaram, entre outras diferenças, *"que alguns fatores de absolvição pesam diferentemente para os homens e para as mulheres. Essas últimas, por exemplo, levam em consideração, mais do que os homens, uma condenação em definitivo, da vítima, por crime de maior potencial ofensivo; o arrependimento; a presença de familiares no julgamento; a velhice; a posição de destaque na sociedade e o choro do acusado. A esse respeito, surge uma distinção relevante entre os sexos. Nela, é possível visualizar que os estímulos externos – os que podem suscitar sentimentos de remorso, pena e tristeza – parecem ser mais eficazes junto às representantes do sexo feminino. Isso pode ser explicado, talvez, pelo processo de socialização das mulheres, no qual os componentes emocionais, bem como a sua externalização, parecem ser menos reprimidos do que junto aos homens."* (VAINSENCHER, SEMIRA ADLER E DE FARIAS, ANGELA SIMÕES, 1997).

Além de perguntas sobre o perfil, os jurados do Paraná responderam também a uma bateria de questões sobre fatores que influenciam sua decisão: 4,9% dos homens são mais benevolentes quando o réu é muito pobre e 4,2% mais benevolentes se o réu tem cônjuge ou filhos. Por outro lado, 9,8% são mais rigorosos quando o réu é rico ou influente. Cerca de 1,5% afirmaram também ser mais benevolentes quando o réu tem boa aparência física ou chora durante o julgamento. A porcentagem chega a 7% entre os jurados evangélicos, se o choro é de arrependimento.

Com relação ao perfil das vítimas, 24% são mais rigorosos na avaliação se a vítima tiver cônjuge ou filhos. Finalmente, 6,6% dos jurados do sexo masculino julgam com menos rigor se o crime foi passional e 5,6% afirmam que a presença maciça nos tribunais de parentes e amigos do réu ou da vítima interfere na decisão. A "boa oratória" do promotor ou do advogado interfere nas decisões para 34% dos homens e 51,2% das mulheres. Um "discurso emocional" impacta no veredicto para 14,1% dos homens e 24,4% das mulheres. Outros fatores que influenciam as decisões são a cobertura intensa da imprensa e os comentários de amigos e vizinhos.

De Souza também incluiu no questionário com os 112 jurados do Tocantins questões sobre os fatores que afetavam suas decisões. A aparência do réu influencia o julgamento para 29% dos entrevistados e 56% afirmaram que a oratória do promotor ou do advogado influenciam muito no veredito (de Souza, 2016)

Desnecessário lembrar que estas circunstancias listadas são extrajurídicas e nos faz pensar se não seria melhor ser julgado por um juiz togado, dependendo da composição do corpo de jurados.

A questão dos lapsos cognitivos e dos preconceitos é bem mais séria do que aparenta quando lembramos que não é apenas nos julgamentos com júri que a população colabora com a justiça criminal. Com efeito, durante todo o processo criminal, desde as etapas iniciais do inquérito, testemunhas prestam seus depoimentos sobre o ocorrido e identificam suspeitos.

Não se trata de desprezar as provas testemunhais ou questionar a validade das decisões do júri, que são feitas por maioria simples (4 votos dos 7 já bastam para a condenação). Mas de alertar que nossos testemunhos e julgamentos são bem menos racionais e imparciais do que imaginamos e que estamos todos sujeitos a falhas de memória, ilusões, preconceitos, predisposições e inúmeros outros fatores que afetam nossa percepção da realidade. E que os procedimentos para a escolha dos jurados geram resultados que estão longe de serem representativos. É possível aperfeiçoar os procedimentos para garantir testemunhos e decisões mais isentas.

O sistema de justiça criminal é tão falível quanto somos nós, seres humanos. Na melhor das hipóteses, as conclusões a que chega são probabilísticas. É preciso reduzir ao máximo estas eventuais falhas, quando se trata de condenar alguém a longos anos de prisão. Não há indenização que compense um erro judicial desta magnitude.

Bibliografia

- Achor, Shawn. O jeito Harvard de ser feliz. Benvirá, 2012.

- Brooks, David. The Social Animal. Randon House, 2011.

- Devlin, Keith e Lorden, Gary. The Numbers behind NUMB3RS. Solving crime with mathematics. Plume, Penguin Book, 2007.

- Kahneman, Daniel. Rápido e Devagar. Duas formas de pensar. Objetiva, 2011

- Bello, Giovanni Macedo. O julgamento pelos seus pares: uma análise ao perfil dos jurados atuantes nos julgamentos do Tribunal do Júri de Porto Alegre, 2011

- De Lima, Paulo Sérgio Markowicz. Perfil dos Jurados nas Comarcas do Paraná, Ministério Público do Paraná, 2015.

- De Souza, Julia Rebonato. A INFLUÊNCIA DO PERFIL SOCIOECONÔMICO DOS JURADOS NOS VEREDICTOS DO TRIBUNAL DO JÚRI EM CACOAL-RO, 2016

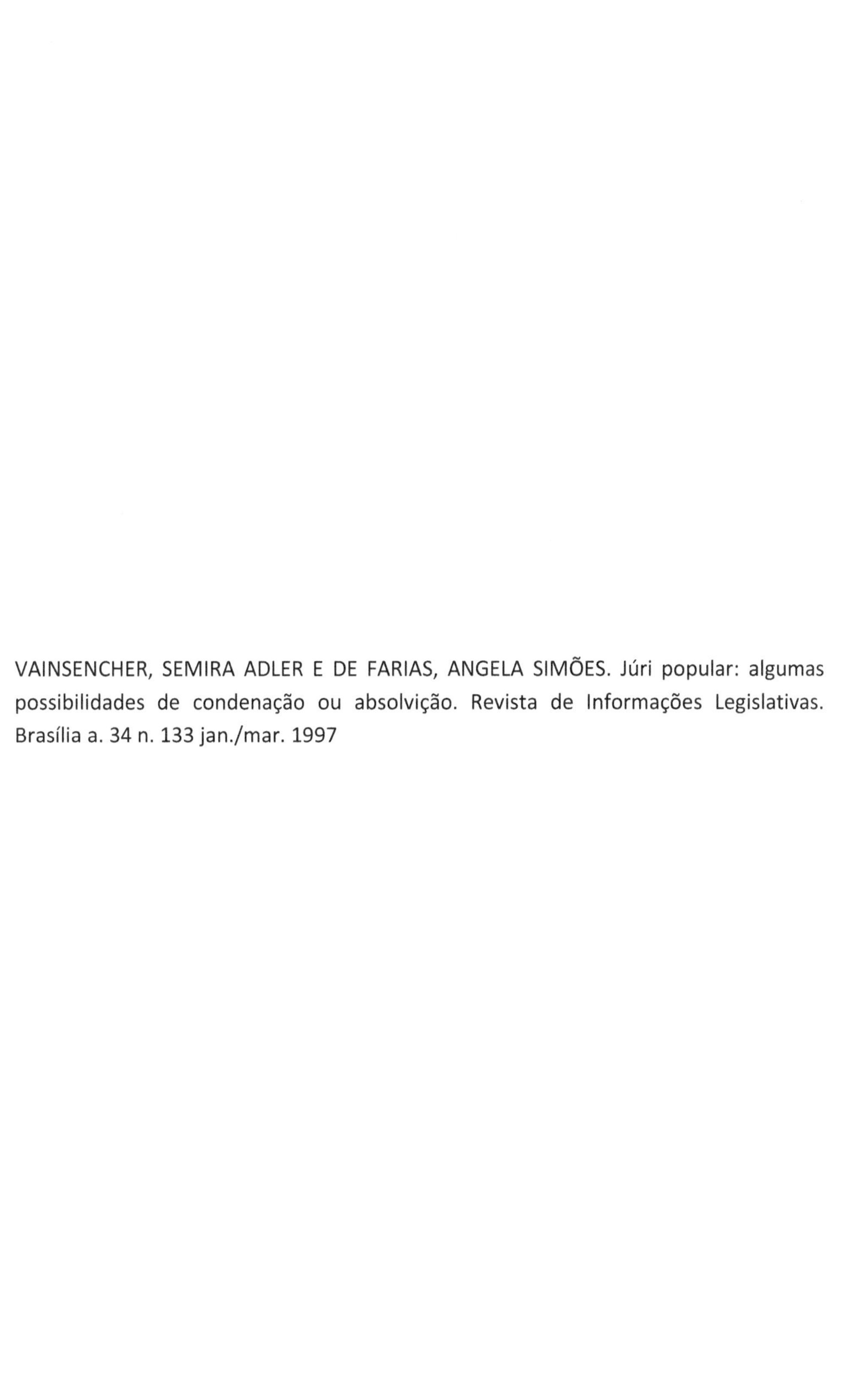

VAINSENCHER, SEMIRA ADLER E DE FARIAS, ANGELA SIMÕES. Júri popular: algumas possibilidades de condenação ou absolvição. Revista de Informações Legislativas. Brasília a. 34 n. 133 jan./mar. 1997

Estatísticas Criminais e a Lei de Newcomb-Benford

Vamos supor que sou um policial pouco honesto e que o desempenho da minha área – e a minha renumeração - seja medido ou varie em função da quantidade mensal de roubos. Ao invés de registrar a quantidade real de roubos na planilha, digamos, posso ser tentado a inventar os números, tirando-os da minha própria cabeça ou recorrendo a algum sorteio aleatório de números. Não o aconselho a fazer isso, exceto se for um bom conhecedor da lei de Newcomb-Benford. Não adianta consultar o Código Penal. Trata-se de uma "Lei" no sentido matemático do termo.

Na tabela abaixo utilizamos o gerador de números aleatório do Google e ele nos gerou doze quantidades fictícias de "roubos" para minha área, uma para cada mês do ano. Para efeito de demonstração, deixei os números variarem de 100 a 1000 (o que raramente ocorre com crimes, que na verdade são bastante estáveis) e aparentemente, a série gerada pelo computador faz sentido para um observador desatento.

Com um exercício para entender a natureza do problema, separe-se, por exemplo, o primeiro dígito de cada centena gerada: na terceira coluna da tabela vemos estes dígitos em destaque. Note-se que o digito 8 aparece na série três vezes na primeira posição (25%), o número 7 aparece apenas uma vez (8,3%), o número 5 surge duas vezes (16,7%) e assim por diante.

Análise do 1º dígito de números aleatórios

Mês	Roubos	1º digito		Digito	Freq.	%
jan	899	8		1	2 vezes	16,7%
fev	776	7		2	1 vez	8,3%
mar	535	5		3	0 vezes	0,0%
abr	241	2		4	2 vezes	16,7%
mai	149	1		5	2 vezes	16,7%
jun	487	4		6	1 vez	8,3%
jul	547	5		7	1 vez	8,3%
ago	853	8		8	3 vezes	25,0%
set	111	1		9	0 vezes	0,0%
out	420	4			12	100,0%
nov	620	6				
dez	890	8				

Fonte: gerados de números do Google

Segundo a lei dos grandes números, se a nossa amostra de casos sorteados aleatoriamente aumentasse, a distribuição percentual de cada dígito de 1 a 9 se aproximaria de 11,1%, que é a frequência teórica esperada, supondo que cada dígito tem uma probabilidade equivalente de ocorrência. (se incluíssemos o dígito 0, a porcentagem seria 10%, obviamente)

E é precisamente ai que nosso policial desonesto se estrepa. Ocorre que para diversos tipos de fenômenos, a distribuição do primeiro digito numa coleção de números não é equiprovável. Trata-se de um fenômeno descoberto há cerca de dois séculos e que se aplica à uma série de diferentes listas de números: valor de contas de luz, lista de códigos postais, população municipal, edifícios mais altos do mundo, preços de ações, comprimento de rios, pesos, moleculares, etc. Infelizmente não há uma regra que diga à priori e quando uma distribuição de frequências segue o formato Newcomb- Benford. É preciso coletar os dados e realizar um teste empírico.

Para infelicidade do nosso policial pouco versado em estatística, a distribuição da maioria dos crimes também segue uma distribuição de frequência Newcomb-Benford, em homenagem a seus descobridores. Diz-se que uma coleção de números segue a lei de Newcomb-Benford se

$$P(d) = log_{10}\left(1 + \frac{1}{d}\right)$$

Benford já notara esta característica nos anos 30 com as taxas de mortalidade e Hikman e Rice observaram o mesmo padrão ao estudarem em 2010 as estatísticas criminais nacional e estaduais norte americanas. (Digital Analysis of Crime Statistics: Does Crime Conform to Benford's Law? Hickman, M.J. & Rice, S.K. J Quant Criminol (2010) 26: 333. https://doi.org/10.1007/s10940-010-9094-6.)

Numa distribuição deste tipo, quando separamos o primeiro dígito de cada número, o digito 1, por exemplo, aparece 30,1% do tempo e o dígito 9, apenas 4,6% do tempo. A probabilidade de ocorrência de cada dígito não é equiprovável, mas antes decai numa forma que é logarítmica, como no gráfico abaixo.

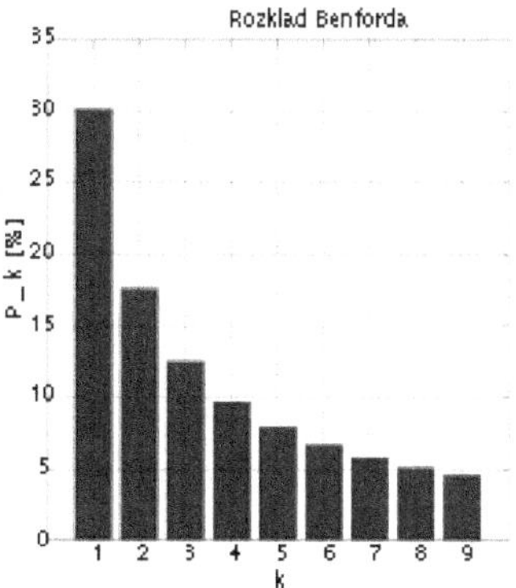

A tabela seguinte traz exemplos com crimes brasileiros, agregados em nível estadual[2]. Vamos explorá-la um pouco. Nas duas últimas colunas vemos a distribuição teórica dos dígitos

---

[2] Observe-se que a distribuição de Newcomb-Benford, depende em parte da unidade de análise

segundo a distribuição esperada de Benford e na última coluna a distribuição real encontrada pelo autor nas taxas de mortalidade que estudou em 1938. Nas demais colunas encontramos a distribuição dos primeiros dígitos nas estatísticas criminais reportadas pelos Estados brasileiros entre 2001 e 2019, formando uma coleção de números com 32 mil linhas. Os crimes analisados são Estupro, furto, furto de veículo (FV), homicídio doloso (HD), lesão corporal dolosa (LCD), lesão corporal seguida de morte, roubo (RB), roubo de veículo (RV) e tráfico de drogas.

Como pode ser notado pela tabela, com exceção da lesão corporal dolosa, a maioria dos crimes parece realmente seguir uma distribuição de Newcomb-Benford, quando analisamos a frequência dos primeiros dígitos em cada coleção de crimes. Quando combinamos todos os crimes na coluna Total Geral, observe-se a notável semelhança com a distribuição esperada.

Digito	ESTUPRO	FURTO	FV	HD	LATRO	LCD	Lesão corpo	RB	RV	TRAF	Total Geral	Benford	Death Rate
1	27,92%	35,64%	35,80%	29,09%	34,04%	32,47%	38,10%	23,13%	27,88%	22,88%	30,94%	30,10%	27,00%
2	16,66%	15,79%	14,16%	17,26%	17,69%	3,83%	17,93%	14,21%	18,18%	18,27%	16,39%	17,60%	18,60%
3	16,15%	7,79%	12,46%	16,32%	12,27%	2,59%	11,17%	10,97%	12,69%	15,13%	13,00%	12,50%	15,70%
4	10,43%	13,23%	8,69%	11,36%	8,96%	2,59%	8,90%	13,39%	10,25%	8,92%	10,09%	9,70%	9,40%
5	6,72%	4,00%	8,63%	9,60%	7,25%	13,09%	7,30%	13,62%	8,46%	8,92%	8,36%	7,90%	6,70%
6	5,51%	5,18%	5,90%	5,61%	6,11%	17,65%	5,30%	8,06%	8,08%	7,09%	6,52%	6,70%	6,50%
7	5,66%	6,15%	4,20%	4,37%	5,62%	10,00%	5,03%	6,15%	6,07%	7,38%	5,48%	5,80%	7,20%
8	5,55%	5,95%	5,08%	3,04%	4,77%	9,38%	3,29%	5,56%	4,48%	5,56%	4,75%	5,10%	4,80%
9	5,39%	6,26%	5,10%	3,35%	3,29%	8,40%	2,99%	4,92%	3,91%	5,85%	4,45%	4,60%	4,10%
Total Geral	4879	1950	4648	5167	4042	810	2945	2196	4577	1368	32582		418

Digito	ESTUPRO	FURTO	FV	HD	LATRO	LCD	Lesão corpo	RB	RV	TRAF	Total Geral	Benford	Death Rate
1	-2,18%	5,54%	5,70%	-1,01%	3,94%	2,37%	8,00%	-6,97%	-2,22%	-7,22%	0,84%	0,00%	-3,10%
2	-0,94%	-1,81%	-3,44%	-0,34%	0,09%	-13,77%	0,33%	-3,39%	0,58%	0,67%	-1,21%	0,00%	1,00%
3	3,65%	-4,71%	-0,04%	3,82%	-0,23%	-9,91%	-1,33%	-1,53%	0,19%	2,63%	0,50%	0,00%	3,20%
4	0,73%	3,53%	-1,01%	1,66%	-0,74%	-7,11%	-0,80%	3,69%	0,55%	-0,78%	0,39%	0,00%	-0,30%
5	-1,18%	-3,90%	0,73%	1,70%	-0,65%	5,19%	-0,60%	5,72%	0,56%	1,02%	0,46%	0,00%	-1,20%
6	-1,19%	-1,52%	-0,80%	-1,09%	-0,59%	10,95%	-1,40%	1,36%	1,38%	0,39%	-0,18%	0,00%	-0,20%
7	-0,14%	0,35%	-1,60%	-1,43%	-0,18%	4,20%	-0,77%	0,35%	0,27%	1,58%	-0,32%	0,00%	1,40%
8	0,45%	0,85%	-0,02%	-2,06%	-0,33%	4,28%	-1,81%	0,46%	-0,62%	0,46%	-0,35%	0,00%	-0,30%
9	0,79%	1,66%	0,50%	-1,25%	-1,31%	3,80%	-1,61%	0,32%	-0,69%	1,25%	-0,15%	0,00%	-0,50%
Desvios	11,26%	23,86%	13,85%	14,35%	8,06%	61,58%	16,65%	23,77%	7,06%	16,00%	4,41%	0,00%	11,20%

Na parte de baixo da tabela anotamos as diferenças, em cada célula, entre a distribuição esperada e a distribuição encontrada nas estatísticas criminais nacionais. Quando somamos os números absolutos em cada coluna (desconsiderando o sinal), temos uma medida rústica do quanto cada indicador criminal se desvia ou não da distribuição teórica esperada. Note-se que é raro encontrarmos um desvio maior do que + ou – 5%, com exceção da mencionada coluna lesão corporal dolosa.

Não é o caso de discutir no escopo deste artigo por que a maioria dos crimes segue a distribuição de Benford ou por que as estatísticas nacionais de lesão corporal dolosa se afastam aparentemente deste padrão. Mais importante aqui é perceber como esta característica desta coleção de números pode ser utilizada como uma ferramenta para detectar tentativas de fraude. De fato, desde os anos 70, contadores e outros profissionais de auditorias procuram utilizá-las desta maneira.

---

utilizada. Estatísticas agregadas por municípios ou por Distritos policiais não seguem necessariamente esta distribuição, uma vez que a quantidade absoluta de crimes cai. No caso de crimes raros, teríamos uma grande porcentagem de primeiros dígitos concentrados entre os dígitos 1 e 2. Quando usamos taxas ao invés de números absolutos, a distribuição também se afasta da esperada, uma vez que alteramos a escala dos dados.

No setor de estatística criminal que coordenei em São Paulo, adotávamos diversos mecanismos de controle de qualidade: leitura diária de uma amostra aleatória de boletins em busca de inconsistências, comparações entre as séries históricas de homicídios com as mortes por agressão compiladas pelo ministério da saúde, controle estatístico de qualidade "3 sigmas", e, esporadicamente, também a técnica ilustrada acima, de distribuição de frequência do primeiro dígito. Com exceção de um ou outro episódio excepcional – greve na polícia, ataques de maio de 2006, mudança no código penal, criação da denúncia on-line, etc. – assinale-se que jamais identificamos em oito anos de SSP, tentativas "dolosas" de fraude nas estatísticas criminais, embora certamente tenham ocorrido erros de digitação e outras inconsistências.

Para o bem ou para o mal, o fato é que crimes são fenômenos sociais extremamente regulares e previsíveis: existem padrões sazonais, cíclicos, perfis conhecidos de horários, dias da semana, vítimas, autores, etc. Eles seguem também as leis de concentração espacial. Em resumo, para falsificar uma ocorrência ou um grupo de ocorrências que seja coerente, é preciso conhecer muito bem este perfil, para que os dados não fujam muito dos padrões.

Nestes tempos de políticas "compliance" adotados por empresas e governos, é sempre bom lembrar que as estatísticas são ferramentas importantes para a detecção de fraudes e erros. Lembrando sempre que estatísticas são de natureza probabilística.

Recentemente, um jornal de grande circulação nacional calculou a razão entre gastos eleitorais e votos e identificou indícios de candidaturas "laranjas", pois diversos candidatos(as) tinham obtido poucos votos, mesmo gastando milhares de reais (este mesmo jornal esqueceu de averiguar o desvio inverso, muitos votos com poucos recursos). Como sempre, as estatísticas fornecem indícios probabilísticos das fraudes, jamais certezas e é sempre complicado expor publicamente pessoas com base em probabilidades estatísticas. Como diz o ditado, a estatística deve ser utilizada como um bêbado usa um poste: mais como ponto de apoio do que como fonte de luz! De todo modo, pode ser um passo inicial importante para o aprofundamento das investigações. As estatísticas criminais nacionais, em sua maioria, parecem ter passar neste teste de integridade.

Fontes adicionais

https://link.springer.com/article/10.1007/s10940-010-9094-6

https://en.wikipedia.org/wiki/Benford%27s_law

https://pt.wikipedia.org/wiki/Lei_de_Benford

"A culpa é das estrelas": zodíaco e criminalidade 1

Reconheço que dá para aprender mais sobre a natureza dos homicídios através do romance de Thomas de Quincey ("Do assassinato como uma das belas artes"), do que lendo muitas teses acadêmicas escritas sobre o tema. Para além da ciência, o conhecimento sobre um fenômeno qualquer pode vir da literatura, das artes, da experiência religiosa e diversas outras fontes.

A diferença entre conhecimento científico e as outras formas de conhecimento não está no objeto do estudo, mas no método: alquimia e química se dedicam ambas aos elementos fundamentais da matéria e astrologia e astronomia aos corpos celestes. Mas apenas a química e a astronomia formulam leis, experimentos replicáveis, previsíveis, generalizáveis, etc.- que são característicos do conhecimento científico. Ainda que a alquimia e astrologia tenham sido as precursoras destas modernas disciplinas e muitos acreditem nelas, particularmente prefiro tomar remédios elaborados com os pressupostos da química e experimentados em laboratórios.

Mas não são todos que pensam assim e certas crenças e superstições resistem ao tempo, não obstante sua fragilidade conceitual, evidências pouco robustas e dificuldade de falseamento, no sentido popperiano do termo. A astrologia é uma delas. Cerca de quatro em cada dez americanos acreditam que astrologia é "muito" ou "algo" científico, crença ainda maior entre os mais jovens (68%, segundo o National Science Foundation, 2017: https://www.popsci.com/what-americans-know-about-science#page-8). Uma pesquisa de opinião encomendada pela União Europeia em 2001 encontrou que 52,7% dos europeus acreditavam que astrologia é científica. (Eurobarometro, European Commission, 2001, citado em Burke).

Acho divertido ler o horóscopo vez por outra, publicados diariamente em quase todos os grandes jornais. Algumas características de personalidade do meu "signo" de fato parecem existir em mim e creio que muitos reconheçam esta sensação, uma vez que são traços humanos genéricos que quase todos compartilhamos. A literatura psicológica define esta sensação como efeito Barnum. (Burke, 2012, p.22)

Mas não acho tão divertido quando o/a responsável pelo RH de uma empresa pergunta qual o meu signo ou quando sou passado por uma parceira em potencial no aplicativo de paquera porque nossos "signos" são pouco compatíveis. [3] Há casos ainda mais graves do uso da astrologia, com possíveis consequências práticas: os adeptos da "astrologia forense", por exemplo, acreditam que podem dar pistas concretas sobre a autoria de crimes, podendo levar à condenação de inocentes ou à soltura de culpados. A crença na astrologia deixa de ser uma brincadeira inocente quando passa a provocar consequências práticas no bolso, na alma e na liberdade individual.

Há quem acredite, como mencionado, que os signos ajudam a entender a predisposição de algumas pessoas para certos crimes e que o mapa astral pode ser usado como técnica forense para identificar assassinos e pessoas desaparecidas. Os astrólogos forenses se dedicam a

---

[3] Novas modas entre os gestores de RH incluem não apenas o uso do horóscopo como ferramenta de avaliação de candidatos, mas também a numerologia, grafologia e outras ferramentas similares. Sem falar no uso do Feng Chui, Sinestesia e outras práticas para melhorar o ambiente de trabalho.

análise de mapas astrais individuais para o esclarecimento de crimes e mistérios. Vários livros de "astrologia forense" estão disponíveis na internet para os interessados. Como sugere um dos autores, "os agentes da Lei sempre lutam para conectar os pontos para identificar alguém como um assassino além da dúvida razoável. A astrologia forense pode servir a uma necessária função cívica e legal – ela ajuda a conectar os pontos entre o crime e o perpetrador. As estrelas, afinal, não mentem" (Salerno, B.D.) Outros menos radicais sugerem que a carta natal ou o alinhamento dos astros no momento dos crimes podem gerar probabilidade e insights sobre os motivos psicológicos por traz dos eventos, gerando pistas para resolvê-los. A astrologia forense seria um misto de arte e ciência e "como manchas no carpete, marcas de sangue e impressões digitais, a astrologia forense pode revelar uma grande quantidade de detalhes sobre um evento". Ele permitiria apontar ou eliminar suspeitos, encontrar objetos perdidos, pessoas desaparecidas e ajudar em casos de sequestro (Salerno, Campbell, Crystal, Luley, op. Cit).

Não obstante meu ceticismo (típico de leonino), como pesquisador, é preciso manter a mente aberta e submeter estas conjecturas ao crivo da ciência, ao invés de rejeitá-las à priori. Mesmo duvidando da influência dos astros, é possível que os signos afetem a personalidade daqueles que conhecem e acreditam no horóscopo. Como mostrou Levi Strauss no estudo clássico sobre magia (e psicologia), a crença na eficácia da magia faz com que o enfeitiçado tenha reações fisiológicas bastante reais, levando à morte do enfeitiçado (O feiticeiro e sua magia, Levi-Strauss, 1949).

Recentemente, uma falsa notícia circulou pelas redes, segundo a qual o FBI tinha feito um estudo correlacionando signos zodiacais e assassinatos em série. https://dailyoccupation.com/2017/03/07/fbi-shares-statistics-zodiac-signs-dangerous/). Na verdade, alguém simplesmente coletou as datas dos aniversários dos criminosos disponíveis nos arquivos do FBI e computou os signos mais frequentes. Segundo a "pesquisa", geminianos seriam os menos perigos, pois preferem atormentar as pessoas com conversas chatas do que matá-las. Leoninos (terceiro menos perigos) cometem assassinatos para chamar a atenção, virginianos são mais propensos ao roubo e à fraude, piscianos tem tendência ao vício, arianos sofrem de acessos de raiva, sagitarianos cometem crimes em massa, escorpianos são assassinos sádicos e finalmente, os mais perigosos: cancerianos, que matam por ciúmes e sofrem de mudanças de humor.

A ordem de periculosidade dos signos não coincide, porém, com o levantamento atribuído à polícia de Chatham-Kent, Ontário, com 1986 pessoas presas em 2011. Talvez por não levar em conta os "ascendentes" ou, mais provavelmente, os antecedentes, dos criminosos! E nenhuma das anteriores coincide com o ranking feito pelo astrólogo Trudi Mentior https://www.yourtango.com/2017308569/horoscope-zodiac-signs-most-likely-become-criminals-ranked), provavelmente porque os estudos anteriores não observaram a posição de Urano no mapa astral. Como argumenta o astrólogo, "seria ótimo se houvesse algum meio que pudesse dizer, com antecedência, quais pessoas tem a maior probabilidade de se tornarem criminosos. Estatísticas e dados demográficos são úteis, mas eles apenas mostram um retrato genérico e não dizem muito sobre se um indivíduo irá desenvolver comportamentos antissociais sérios conforme crescem". Há pouca relação também com a ordenação da última coluna, onde computei os signos mais frequentes de 401 assassinos seriais disponibilizados na internet.

Tabela 1 - Lista de signos "mais perigosos", ordenados do maior para o menor

Suposto FBI (serial killers, N= ?)	Chatham-Kent Police (presos em geral, N= 1986)	Trudi Mentior	Kahn (serial killers, N = 401)
Câncer	Áries	Escorpião	Capricórnio
Touro	Libra	Áries	Escorpião
Sagitário	Virgem	Aquário	Peixes
Áries	Leão	Gêmeos	Leão
Capricórnio	Peixes	Peixes	Câncer
Virgem	Escorpião/Capricórnio	Capricórnio	Virgem
Libra	Gêmeos	Leão	Libra
Peixes	Câncer	Sagitário	Aquário
Escorpião	Touro	Libra	Gêmeos
Leão	Aquário	Touro	Sagitário
Aquário	Sagitário	Câncer	Aries
Gêmeos		Virgem	Touro

Para não dizer que a ordem é totalmente aleatória, parece que as classificações concordam grosso modo no que diz respeito à periculosidade de Áries, que piscianos estão no meio da escala e tourinos no final da lista. Mas a ordenação geral, não surpreendentemente, é bastante errática. A comparação, todavia, não é totalmente justa, pois os dados do FBI foram extraídos de serial killers norte americanos, a polícia de Kent, Ontário, usou uma amostra de presos em geral, Trudi Mentior baseou-se apenas nas características intrínsecas dos signos e minha amostra foi extraída de serial killers de todo o mundo. Assim, não é possível com base nesta comparação jocosa entre bananas e laranjas refutar a conjectura segundo a qual existe uma associação entre signos e criminalidade. Existem pesquisas acadêmicas sérias sobre o tema que chegaram à conclusão de que a associação é inexistente e quando é encontrada é baixa e se deve provavelmente ao acaso. (Burke, 2012; Koich, 2014; Sachs, 1999; Von Eye, 2003)

A astrologia tem importância histórica e muitas pessoas encontram satisfação nela diariamente. Assim como as crenças religiosas, ela não precisa ser cientificamente válida. Mas deve se manter no terreno das mitologias e não como ferramenta para selecionar funcionários, parceiros ou entender crimes e criminosos. Tanto pela carência de evidências científicas sólidas quanto pela limitada praticidade enquanto política de segurança pública, o melhor a fazer é manter o horóscopo como um entretenimento inocente, até que se consiga eventualmente mostrar sua utilidade heurística para prever traços de personalidade e comportamentos criminais...

Pelo que se conhece até o momento, a culpa pelos crimes não está nas estrelas, de modo que os criminólogos e analistas forenses devem continuar procurando evidências terrenas para explicar o comportamento criminal.

Examinamos em outro artigo sobre o tema as listas de signos mais perigosos e os perigos de uma disciplina que se intitula "astrologia forense", que se pretende ciência, na visão de seus adeptos.

O fato é que, a partir dos anos 70, centenas de estudos acadêmicos procuraram investigar seriamente a relação entre astrologia e criminalidade, principalmente na área da psicologia, uma vez que a influência dos astros se manifestaria através de certos traços de personalidade. (Burke, 2012; Sachs, 1999; Silverman, 1971). Embora a maioria dos estudos desconfirmem as predições astrológicas, alguns reportam associações significativas (a maioria fracas) entre os signos zodiacais e traços de personalidade ou comportamento. Sachs, por exemplo, é um deles, baseados em estatísticas matrimoniais e criminais da Suíça (Sachs, 1999). Com base em 325 mil sentenças criminais da justiça proferidas entre 1984 e 1996 para 25 diferentes crimes, o autor identificou que 18% das associações entre signos e crimes testadas na análise não se deviam ao acaso: encontrou, por exemplo, uma associação entre tráfico de drogas X capricórnio e peixes, uso ilegal de veículo a motor X sagitário, dirigir sem licença X gêmeos e assim por diante. Outros autores, contudo, reexaminando os mesmos dados e usando critérios estatísticos mais rigorosos, como a correção de Bonferrone, sugerem que a análise de Sachs é equivocada (Von Eye e outros, 2003).

É possível replicar a pesquisa de Sachs com dados brasileiros e fazer um teste empírico da conjectura de que existe uma correlação entre signos e propensões a certos tipos de crimes? Se a econometria pode se dedicar a estes temas curiosos, como em Freakconomics, (Levitt e Dubner, 2005), porque não a criminologia? Criei para isso uma rotina no SPSS para extrair o signo de 95 mil averiguados por diversos crimes pela polícia e cruzei signo com a natureza criminal do averiguado.

Como temos 12 signos, o esperado é que tenhamos 8,33% de suspeitos em cada signo, para cada um dos crimes analisados. Como a tabela mostra, para a maioria dos crimes a distribuição percentual é bastante próxima disso, variando ora pouco acima, ora pouco abaixo. Estas diferenças provavelmente se devem ao acaso e não é possível afirmar que haja uma associação especial entre signos e crimes.

signo	aquario	peixes	aries	touro	gemeos	cancer	leao	virgem	libra	escorpiao	sagitario	capricornio	%	Qtde
Total	8,10%	8,50%	8,30%	8,80%	8,50%	8,90%	8,50%	8,60%	8,30%	7,90%	7,80%	7,90%	100,00%	95803
LESAO CORPORAL DOLOSA	8,10%	8,20%	8,20%	8,90%	8,10%	8,90%	8,40%	8,50%	8,60%	8,20%	7,90%	8,00%	100,00%	10033
AMEACA	8,10%	8,70%	8,40%	8,40%	8,30%	8,50%	8,30%	9,50%	8,50%	7,80%	7,40%	8,10%	100,00%	6476
ENTORPECENTES - L 11343/06	8,40%	8,60%	8,30%	8,60%	8,70%	9,00%	8,30%	7,70%	8,70%	8,00%	8,40%	7,30%	100,00%	5028
CAPTURA DE PRESO	8,00%	8,40%	8,00%	8,50%	8,60%	8,80%	9,00%	9,00%	7,90%	7,80%	7,70%	8,30%	100,00%	4941
JOGO DE AZAR	8,00%	8,30%	7,80%	8,40%	9,60%	8,50%	8,90%	8,60%	8,70%	8,10%	7,50%	7,60%	100,00%	4731
APREENSAO DE OBJETO	8,10%	8,20%	7,80%	9,00%	8,80%	8,90%	8,90%	8,60%	7,80%	8,30%	7,90%	7,60%	100,00%	4189
ATO INFRACIONAL	8,10%	8,80%	8,40%	8,70%	8,80%	9,20%	9,10%	8,30%	7,90%	7,20%	7,70%	7,70%	100,00%	3453
ESTELIONATO	7,40%	9,60%	8,10%	8,60%	7,70%	8,30%	9,30%	8,50%	8,80%	7,20%	8,50%	8,10%	100,00%	3315
INJURIA	7,30%	8,10%	8,30%	8,90%	9,10%	8,00%	8,60%	8,60%	8,40%	7,60%	8,40%	8,70%	100,00%	2665
ROUBO CONSUMADO - TRANSEUNTE	7,60%	9,20%	8,50%	9,40%	8,30%	9,10%	7,40%	8,30%	8,70%	7,40%	8,20%	7,80%	100,00%	2649
RECEPTACAO DOLOSA - VEICULO	8,20%	7,40%	8,30%	9,20%	8,20%	10,20%	7,70%	8,90%	8,50%	7,70%	7,40%	8,30%	100,00%	2303
VIOLENCIA DOMESTICA	8,50%	8,30%	9,40%	9,40%	6,90%	9,90%	8,30%	8,30%	8,50%	8,00%	7,40%	7,10%	100,00%	2258
OUTROS NAO CRIMINAL	8,80%	8,80%	8,40%	7,80%	9,60%	8,70%	8,00%	9,00%	7,60%	7,70%	7,30%	8,30%	100,00%	2209
ROUBO CONSUMADO - VEICULO	8,40%	8,50%	9,20%	9,20%	8,60%	8,80%	9,10%	8,10%	7,40%	7,10%	6,90%	8,60%	100,00%	2063
ESTATUTO DO DESARMAMENTO-LEI 1082	7,80%	9,00%	8,10%	9,70%	9,30%	7,90%	8,60%	8,20%	8,10%	8,20%	7,70%	7,40%	100,00%	2031
EMBRIAGUEZ AO VOLANTE	8,80%	7,40%	8,50%	8,00%	8,50%	8,80%	10,40%	8,50%	8,30%	8,60%	7,30%	6,90%	100,00%	1583
VIOLACAO DE DIREITO AUTORAL	7,40%	8,30%	7,50%	8,30%	9,00%	8,50%	8,60%	7,30%	8,30%	8,80%	8,90%	9,00%	100,00%	1548
VEICULO LOCALIZADO	8,90%	8,60%	8,80%	8,30%	7,80%	8,30%	9,40%	8,80%	8,70%	7,00%	7,10%	8,30%	100,00%	1454
DANO	7,70%	7,90%	8,90%	9,40%	8,30%	10,00%	7,70%	7,60%	7,70%	9,50%	7,30%	8,10%	100,00%	1392
LESAO CORPORAL CULP DIR.VEIC.	7,70%	9,50%	9,30%	10,20%	8,50%	8,30%	7,90%	7,50%	7,60%	8,30%	6,60%	8,50%	100,00%	1158
APROPRIACAO INDEBITA	9,00%	8,40%	7,30%	7,40%	10,00%	8,10%	7,60%	9,30%	8,20%	9,30%	7,70%	7,60%	100,00%	1074
ROUBO CONSUMADO - EST.COMERC.	9,20%	8,10%	9,10%	8,50%	7,60%	10,00%	8,80%	9,10%	6,30%	8,40%	7,60%	7,40%	100,00%	893
CORRUPCAO DE MENOR/LEI 2252/54	6,50%	10,30%	7,40%	9,00%	8,70%	9,80%	9,00%	10,10%	7,30%	8,20%	7,90%	5,80%	100,00%	890
FURTO - OUTROS	8,50%	10,60%	9,70%	7,70%	7,60%	9,20%	8,30%	8,00%	7,60%	7,30%	8,50%	7,00%	100,00%	880
RECEPTACAO DOLOSA - OUTROS	6,90%	7,00%	11,30%	10,60%	10,30%	8,50%	8,50%	7,60%	8,40%	6,90%	7,80%	6,10%	100,00%	856
FURTO TENTADO-EST.COMERC.	9,60%	7,30%	6,70%	8,40%	8,50%	9,20%	9,20%	9,50%	7,70%	7,20%	8,30%	8,30%	100,00%	845
ROUBO TENTADO - TRANSEUNTE	9,00%	7,60%	6,50%	9,30%	8,60%	8,70%	7,70%	10,20%	8,50%	8,00%	7,50%	8,60%	100,00%	804
SONEGACAO FISCAL	7,30%	9,80%	8,20%	9,80%	9,70%	8,80%	7,60%	8,20%	9,40%	8,80%	6,80%	5,60%	100,00%	735
OUTRAS FALSIDADES	8,40%	8,50%	7,40%	9,00%	7,60%	10,30%	8,40%	8,70%	7,80%	7,40%	9,30%	7,30%	100,00%	658
DIRIGIR SEM PERMISSAO/HABIL.	6,50%	8,70%	5,90%	9,50%	9,60%	11,90%	9,50%	7,90%	7,80%	10,40%	6,40%	6,00%	100,00%	645
FURTO - ESTABELECIMENTO COMERCIAL	8,30%	7,60%	7,10%	7,30%	8,10%	10,40%	7,40%	11,10%	8,90%	8,10%	8,60%	7,10%	100,00%	605
FURTO - RESIDENCIA	5,40%	9,30%	8,40%	8,10%	8,20%	8,10%	7,60%	9,60%	9,90%	8,60%	7,60%	9,30%	100,00%	594
FURTO QUAL.CONS- EST.COMERC.	8,50%	8,00%	8,20%	7,00%	7,30%	8,70%	11,40%	7,70%	9,60%	7,20%	7,00%	9,40%	100,00%	586
TENTATIVA DE HOMICIDIO	6,70%	6,50%	9,00%	10,60%	7,90%	8,80%	8,50%	10,80%	7,50%	8,30%	10,00%	5,40%	100,00%	520
FURTO QUAL.TENT- EST.COMERC.	10,20%	8,40%	7,00%	8,60%	10,40%	9,20%	9,40%	10,00%	10,20%	5,60%	4,60%	6,60%	100,00%	501

Como sempre ocorre em pesquisas quantitativas, quando o número de linhas e colunas na tabela é grande e quando o volume de casos na amostra diminui, aumenta-se a variabilidade e neste caso encontramos algumas associações estatisticamente significativas entre signos e determinadas modalidades criminosas, como reportado na literatura (Hannigssen, Sachs).

Assim, por exemplo, a tabela sugere uma porcentagem maior do que a esperada de arianos investigados por "receptação dolosa" ou uma porcentagem menor que esperada de capricornianos entre os averiguados por sonegação fiscal. Quase todas estas associações significativas se manifestam na parte de baixo da tabela, onde a amostra de casos é menor, sugerindo que o número menor de casos faz as porcentagens variarem mais amplamente, produzindo por vezes associações espúrias. Ainda que simplório, o levantamento, corroborando a maior parte da literatura, não traz evidências sólidas de que exista uma associação entre signos solares e comportamento criminoso, mesmo tendo encontrado algumas associações significativas, que costumam aparecer aleatoriamente em estudos quantitativos com tabelas grandes e N pequeno. Numa tabela com 420 células, encontramos associações significativas ($Z > 1.96$) em 24 delas, ou 5,7% dos casos. E mesmo quando significativa, não é possível saber se o sinal esperado deveria ser positivo ou negativo, uma vez que não existem predições zodiacais para todos os crimes.

Mesmo supondo que exista uma associação real, fico aqui imaginando quais seriam as implicações lógicas em termos de políticas públicas. Se Áries é o signo da guerra e os arianos tem propensão inata ao crime, devemos considerar que se trata de um atenuante e atribuir penas menores a eles? Se o destino está escrito nos astros e não temos livre-arbítrio podemos também abolir os programas de reinserção social dos criminosos, pois serão gastos inúteis do dinheiro público. Podemos propor talvez a abstenção sexual em certos meses do ano, para que nasçam menos leoninos e assim por ventura reduzir 10% dos furtos? Assim como Gênero ou raça, signo é uma característica impossível de ser modificada e é difícil extrair daí qualquer política pública socialmente útil.

Embora pareça um exercício fútil, este tipo de estudo pode ser bastante útil para o ensino de metodologia de pesquisa e para apontar para os riscos de se tirar conclusões com base em evidências estatísticas. Há inúmeros casos de correlações estatísticas significativas e espúrias relatadas no site spurious correlations, como por exemplo, a correlação entre gastos americanos em exploração espacial e suicídios por enforcamento (cientistas se matando pelo corte de despesas?), ou afogamentos em piscinas e número de filmes em que Nicolas Page aparece... Tomando o período de 2000 a 2009, a correlação entre a taxa de divórcio no Maine e o consumo per capta de margarina é de .99 (casais se divorciam porque homens preferem manteiga?) http://www.tylervigen.com/spurious-correlations

A diferença é que ninguém acredita nestas correlações enquanto no caso da astrologia uma parcela grande da população mundial não apenas acredita como se deixa influenciar por ela no dia a dia para assuntos amorosos e financeiros. Mais interessante seria a realização de estudos que tentassem compreender as razões destas e outras crenças populares. Esta compreensão seria muita mais informativa do que a influência dos astros para o nosso conhecimento da personalidade humana.

Bibliografia

- BURKE, Keith. BIG FIVE PERSONALITY TRAITS AND ASTROLOGY: THE RELATIONSHIP BETWEEN THE MOON VARIABLE AND THE NEO PI-R. Tese de doutorado, 2012.

- Campbell, Dave and Brandt Riske, Kris. Forensic Astrology, Nov 24, 2014.

- Campbell, Garret. True Crime and Astrology, Jul 9, 2012.

- Crystal, Linda. Jaycee Dugard: How Forensic Astrology Can Help In Abductions May 18, 2015

- Crystal, Linda. The Mystery: Amelia Earhart, The Answers: Forensic Astrology Feb 22, 2015.

- Henningsen, David Dryden and Henningsen, Mary Lynn Miller. It's not you, it's Capricorn: Testing Astrological Compatibility as a Predictor of Marital Satisfaction. Northern Illinois University. Human Communication. A Publication of the Pacific and Asian Communication Association. Vol. 16, No. 4, pp.171 - 183.

- Koich Miguel, Fabiano; de Francisco Carvalho, Lucas. Relações entre traços de personalidade mensurados por testes psicológicos e signos astrológicos. Psico-USF, vol. 19, núm. 3*, septiembre-diciembre, 2014, pp. 533-545, Universidade São Francisco, São Paulo, Brasil.

- Levi-Strauss, Claude. O feiticeiro e sua magia.

Luley, Caroline J Celebrity Mysteries and Cold Cases (Forensic Astrology in Action Book 1) Apr 14, 2016.

Luley, Caroline J. Forensic Astrology For Everyone Workbook 1: Beginners Edition (Volume 1)Aug 10, 2014.

Luley, Caroline. Forensic Astrology for Everyone, Sep 23, 2013.

McIntosh, Kirsty L. Criminal Astrology: Volume I Understanding Crime Charts, Apr 1, 2018.

Sachs, G. (1999). The astrology file. London: Orion.

Salerno, B.D. Exploring Forensic Astrology: The Secrets Behind Famous Family Murders, Jun 23, 2016.

Salerno, B.D. Forensics by the Stars: Astrology InvestigatesOct 25, 2012.

VON EYE, Alexander (VIRGO), LÖSEL, FRIEDRICH (LEO) e MAYZER, Roni (CAPRICORN). Is it all written in the stars? A methodological commentary on Sachs' astrology monograph and re-analyses of his data on crime statistics. Psychology Science, Volume 45, 2003 (1), p. 78-91

Quer saber a tendência de roubo de veículos? Pergunte ao Google!

A análise do chamado "big data" é uma tendência crescente no setor privado. A ideia básica é buscar correlações ocultas entre fenômenos usando bases de dados gigantescas de informações coletadas junto aos consumidores e usuários, complementando-as ou não com informações de outras fontes.

O Big Data não pretende fazer ciência ou discutir causalidade (embora os profissionais se denominem data scientists), pois o mercado não tem tempo nem vocação para isso. Correlação, como sempre se diz, não é causação; significa apenas que dois fenômenos variam juntos no tempo (ou no espaço), mesmo que a ligação entre eles seja espúria. Conhecendo a correlação você pode fazer boas previsões e talvez obter algum insight sobre porque algumas variáveis se comportam de maneira parecida. Neste campo ninguém está muito preocupado em saber por que a previsão funciona: basta que funcione, abordagem, aliás, compartilhada por muitos epidemiologistas, com sucesso na área da saúde.

Big Data não serve somente pra aumentar as vendas e pode ser usado para outras finalidades mais nobres: um exemplo interessante e bastante citado é o da previsão de epidemia de gripe feita pela Google, com base nas buscas dos usuários usando palavras chave ligadas a sintomas e tratamento da doença. Evidências comparando as previsões do "google flu" com os dados epidemiológicos oficiais da saúde mostraram que o sistema produz previsões acuradas, mais rápidas e baratas sobre surtos de gripe nos Estados Unidos.

E como anda a discussão sobre big data no campo da segurança pública? Os departamentos de polícia lidam com bases de dados gigantescas com informações sobre eventos criminais, vítimas e suspeitos, veículos e armas, entre outras. Apenas algumas unidades de análise contam com recursos mais sofisticados para ficar buscando correlações estatísticas; na prática, na maioria das unidades o máximo que se faz é usar as informações passadas para mapear hot spots criminais no espaço e no tempo, ou seja, ruas e horários de maior incidência criminal. Fazer perfis de vítimas e autores são outro uso comum, mas a cultura do big data é ainda incipiente. Inspirado em Big Data, há um aperfeiçoamento das técnicas para estimar hot spots, que são as análises preditivas, com novos softwares e algoritmos, como o Predpol que, tal como no filme Minority Repport, promete refinar as sugestões de locais e horários para operações policiais. Seu uso vem se disseminando nos departamentos de polícia e é algo para se monitorar de perto.

Há pouco tempo, o Google disponibilizou um recurso chamado google correlate, que, como o nome sugere, permite correlacionar dados inseridos pelo usuários com buscas feitas pelos usuários do google na internet, para um dado período e país. A lógica subjacente é a do big data: buscar correlações elevadas, sem preocupações causais, para prever eventos ou obter insights para melhor compreendê-los.

Como um experimento, inserimos no google correlate a série histórica de roubo de veículos no Estado de São Paulo entre janeiro de 2004 e junho de 2013. Inserida a série, o sistema busca automaticamente as palavras e expressões dos usuários que mais se "parecem" com ela, usando coeficientes de correlação de Pearson. O analista pode também escolher períodos específicos e defasar ou adiantar a série por quantos períodos desejar, uma vez que nem sempre a correlação temporal entre fenômenos é simultânea.

O experimento, apesar das limitações (por exemplo, temos apenas as buscas para Brasil e não especificamente para São Paulo; o sistema mostra a correlação mas não a quantidade de casos usada para obtê-la, etc.) trouxe alguns resultados bastante interessantes: o sistema não tem como saber sobre o que trata a série de dados inserida (no caso, roubo de veículos) mas mesmo assim encontrou correlações com vários fenômenos relacionados a veículos. Além disso, as palavras chave que apareceram estão associadas ao problema do desmanche de veículos, uma das motivações principais para roubo de veículos em São Paulo.

Assim, por exemplo, as variações mensais nos roubos de carros entre 2004 e 2013 coincidem com as consultas dos usuários, no mesmo mês, para as expressões "peça" (R=0,79) e "nacional Volkswagen" (r=0.73). A correlação com a busca "nacional Volkswagen" cresce para 0.78, se defasarmos a série em um mês (t-1), ou seja: o volume de roubo de veículos num determinado mês está associado a buscas no google usando esta expressão, no mês anterior.

Igualmente interessante é que quando defasamos a série para outros períodos encontramos correlações elevadas em t-2 com a expressão "multa Detran" (r-0.76) e em t-3 com a procura no google por "auto som" (r=0.79).

Obviamente que não se pode tirar grandes conclusões desses achados, mas não deixa de ser interessante notar que, sem saber do que se tratavam os números, que poderiam ser sobre produção de rosquinhas, o google correlate sugere que a variação mensal do roubo de veículos em São Paulo está altamente correlacionada a buscas de usuários brasileiros usando as palavras chave peças, nacional Volkswagen, multa Detran e auto som no mesmo mês ou nos meses anteriores. Parece sugerir que o roubo de veículo está relacionado a demandas no mercado ilegal de peças e equipamentos automotivos e talvez a fraudes (falsos registros de roubos em veículos com multas elevadas).

Conhecer a causa por traz dos fenômenos é sempre importante. Diz se que no período da Peste Negra na Europa acreditava-se que os ratos transmitissem a doença, quando na verdade era a pulga presente nos ratos. Esta correlação espúria peste-ratos provavelmente causou a morte de milhares de pessoas, pois ao eliminar os ratos, as pulgas mais facilmente proliferavam entre os seres humanos...

Os adeptos do big data não lidam com temas tão cruciais quanto a peste negra e seu maior interesse é aumentar as vendas. Não importa se a correlação é espúria ou não, mas que a correlação exista e seja forte. Se o seu interesse não é combater o roubo de veículos, mas calcular valor de seguro ou estimar riscos e tendências, não é preciso esperar pelas estatísticas oficiais de criminalidade. Vá ao Google Trends munido de algumas palavras chave que se correlacionam ao fenômeno de interesse e terás uma excelente previsão das tendências associadas a ele.

O estudo das causas precisa de técnicas e análises mais sofisticadas e ai não há substituto para o bom e velho método científico, mas, como vimos, big data e correlações podem dar boas pistas pra começar!

Sobre retas, curvas e os fenômenos criminais não lineares

Se pegarmos um copo de água numa temperatura de 15 graus Celsius e o resfriarmos por alguns minutos numa geladeira até uns 10 graus, teremos uma água mais fria, mas ainda assim beberemos um bom copo de água em estado líquido, apenas mais fresquinha. Se quisermos ter água morna para sopa, por sua vez, colocamos esta água no fogão por alguns minutos – até que ela chegue, por exemplo, aos 70 graus. Novamente, o resultado será água, apenas mais aquecida.

A conclusão (falaciosa) baseada nesta experimentação é que água continua sendo água, não importa se a resfriamos ou aquecemos. Em outras palavras, que não existiria uma relação entre a temperatura e o estado da água.

No entanto, todos sabemos desde a escola, que se aquecermos a água a 100 graus Celsius (na verdade, depende da pureza e pressão atmosférica, mas não vamos complicar o argumento) a água entra em ebulição e começa a evaporar. E se a resfriamos a zero grau, ela congela. Assim, o que vemos no clássico exemplo tirado das ciências da natureza, é que a relação entre temperatura e estado da água é não linear.

Não observamos o efeito por que não houve variação suficiente no nosso experimento, que variou a temperatura apenas entre 15º e 70º. Todavia, existem dois pontos de inflexão (0, 100) abaixo ou acima dos quais a água muda simplesmente de natureza, passando para sólida ou gasosa. [1]

O gráfico abaixo ilustra o que é um ponto de inflexão, que pode ser determinado algebricamente calculando a segunda derivada da função, encontrando o momento da transição da curva, onde ela muda de sinal. Trata-se de uma relação não linear entre as variáveis X e Y, mas a relação existe e só se mostra observável a partir de certo limiar. No gráfico abaixo, uma relação que era logarítmica se transforma em exponencial, a partir do ponto de inflexão.

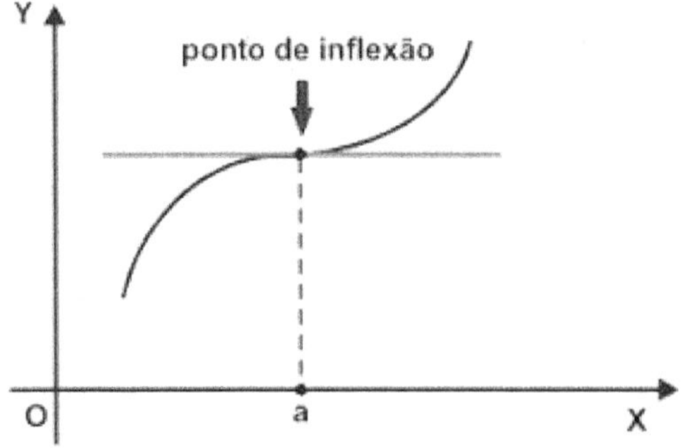

Estamos acostumados a pensar na relação entre dois fenômenos como uma relação linear, direta ou inversa, com raciocínios do tipo: quanto maior a escolaridade do indivíduo, maior a renda. Quanto maior o número de jovens na população, maior a taxa de homicídios. Quanto maior a quantidade de policiais nas ruas, menor a criminalidade, etc. Isto talvez seja uma adaptação evolutiva, que, aliás, é igualmente linear... Nossas técnicas e coeficientes estatísticos, como os conhecidos coeficientes R de Pearson ou a análise de regressão, são em geral voltadas para encontrar e mensurar relações deste tipo.

Ocorre que, assim como nas ciências naturais, encontramos também nas ciências sociais fenômenos que não se relacionam de forma linear, mas que podem assumir vários outros formatos: logarítmicos, exponenciais, cíclicos, etc. Fenômenos que passam a se manifestar apenas a partir de um certo acumulo quantitativo. Os marxistas reconheciam esta característica quando falavam da transformação da quantidade em qualidade, ou seja, do momento em que o acumulo quantitativo de alguma variável culminava numa transformação de natureza qualitativa. (A Revolução, claro, representava um salto qualitativo, não linear, depois do acumulo de crises capitalistas).

O problema reside em que geralmente assumimos que dois fenômenos são não relacionados ou fracamente relacionados quando na verdade eles são apenas não lineares. Há uma grande quantidade de artigos na literatura criminológica que procurara relacionar os efeitos do aumento dos policiais, das prisões e dos gastos em segurança sobre os indicadores sociais. A maioria deles encontrou correlações baixas ou inexistentes (frequentemente negativas, devido à causalidade reversa). Isto se deve à ausência de relação entre as variáveis ou à falta de variação no nosso experimento? E se o impacto for observado apenas a partir de certo patamar quantitativo? Estamos preocupados em calcular "elasticidades" nos nossos modelos matemáticos do mundo, mas não podemos esquecer que o fenômeno estudado pode simplesmente ser não linear, como no exemplo da temperatura da água. E que não tenhamos variação suficiente no nosso experimento para verificar seus efeitos.

O caso do número de policiais é ilustrativo. Em condições normais de temperatura e pressão, a quantidade de policiais afeta pouco os índices criminais. Mas sabemos o que acontece quando o policiamento cai à zero, como no caso das greves policiais, quando os crimes explodem. Sabemos também o efeito em operações do tipo saturação, onde uma grande quantidade de policiais é colocada numa pequena área geográfica: os crimes caem – e aqui o programa "Em Frente, Brasil", do governo Federal é um exemplo típico. É possível, portanto, que no caso de quantidade de policiais, prisões e investimentos, os efeitos sejam discerníveis apenas a partir de determinado patamar.

É certo que existem estes pontos de inflexão em algum lugar da escala. Tenho certeza de que se investirmos 90% do orçamento público em segurança, contratarmos um policial para cada 50 habitantes e prendermos 1 a cada 4 jovens do sexo masculino, observaremos um efeito sobre a criminalidade. A questão não é sobre a existência ou não destes *tipping points*. A questão é até que ponto é desejável e factível investir recursos públicos nesta magnitude, até que estes efeitos benéficos sobre o crime sejam visíveis.

No fundo, trata-se de uma questão meta-estatística e de natureza política e moral. Até que ponto, enquanto sociedade, queremos investir nisso? Se o ponto de inflexão for demasiado elevado, vale a pena aplicar 90% do orçamento em segurança, contratar 1 policial para cada 50 habitantes ou prender 1 a cada 4 jovens? Não existiriam alternativas menos custosas, econômico e socialmente, que levariam aos mesmos resultados?

Uma primeira tarefa relevante seria identificar em que lugares da escala estão estes pontos de inflexão, ou seja, a partir de que patamar a política começa a fazer efeito. O Ministério da Justiça aponta que no primeiro mês do programa "Em Frente Brasil", os homicídios caíram 53% e os roubos 33,9% nas cidades piloto escolhidas e que "no período, foi empregado nos cinco municípios um efetivo médio de 883 pessoas e 321 viaturas por dia". É o que esperaríamos numa situação típica de saturação. O problema é que é economicamente inviável fazer um projeto desta magnitude em muitos municípios.

Mas o que acontece com os homicídios e roubos se utilizarmos apenas 600 policiais e 200 viaturas? E se foram utilizados 400 policiais e 100 viaturas? Em outras palavras, precisamos saber a partir de que magnitude a quantidade de policiais e viaturas começa a impactar nos níveis de criminalidade e é possível definir isto experimentalmente, através de um design de pesquisa chamado quadrado latino. Se bem conduzido, tendo em mente este design experimental, este pode ser um dos maiores méritos do programa federal.

Para a comunidade acadêmica sugiro deixarmos um pouco de lado a obsessão pelas associações lineares, pelos coeficientes R e elasticidades gigantes. Podemos aliar a estes modelos a busca pelos pontos de inflexão e a busca por outros "formatos", mais instigantes, como as curvas logarítmicas e exponenciais[2] e os ciclos. Pois assim como a terra não é plana, nem toda a relação entre dois fenômenos sociais assume a forma ou pode ser explicado pela equação geral da reta.

[1] Tecnicamente a fervura a 100 graus não seria um ponto de inflexão algébrico, pois não há mudança de sinal. Mas isto se deve ao modo arbitrário como foi construída a escala Celsius, onde o ponto de congelamento foi escolhido como ponto zero.

[2] Uma associação logarítmica é o exemplo, digamos, de uma variável que não melhora, a partir de certo patamar, não importa o quanto acrescentemos da outra variável independente. Acréscimos de recursos nesta variável teriam rendimentos marginais decrescentes e seria, em bom português, um desperdício de dinheiro público. Uma curva exponencial, por seu lado, ilustra uma política que traz efeitos multiplicadores: um pequeno incremento na variável independente implicaria numa melhora mais do que proporcional na variável dependente.

Contar quantas pessoas compareçam a um evento pago, em recinto fechado ou espacialmente delimitado - como um show musical ou partida de futebol - é moleza. Basta contar os ingressos vendidos ou saber de antemão a capacidade de lugares disponíveis.

O procedimento fica algo mais complexo quando se trata de estimar o número de pessoas num evento em local aberto, com várias horas de duração, sem espaço delimitado. É preciso observar o epicentro da manifestação e as ruas adjacentes. Estimar quantos indivíduos chegam e quantos saem durante o evento. Calcular a extensão das áreas e as diversas densidades de ocupação. Descontar os vazios provocados por obstáculos naturais ou arquitetônicos. Acrescentar áreas cobertas ou sombreadas, etc.

Não se trata apenas de curiosidade ou de ter um número para esgrimir politicamente para inferir o sucesso ou fracasso do evento. Uma estimativa razoável do público é necessária para alocação de recursos operacionais, como policiais, ambulâncias, banheiros, controlar o tráfico e diversos outros objetivos operacionais.

Assim, jornalistas, organizadores dos eventos e órgãos policiais procuram fazer suas estimativas do público. O problema é que elas raramente coincidem e frequentemente são bastante díspares. Não se trata apenas de distorções propositais politicamente motivadas, mas do uso de diferentes métodos e critérios.

Assim, por exemplo, na manifestação de 15 de março na Av. Paulista em São Paulo a Polícia Militar estimou em mais de um milhão o número de presentes enquanto o Instituto Datafolha falou em 210 mil, uma diferença gritante, de quase 5:1. E não estamos aqui falando de estimativas produzidas pelos organizadores e seus opositores, que tendem a produzir números enviesados, mas de contagens feitas por instituições (teoricamente) neutras. Se tivéssemos algumas dezenas de estimativas, seria possível que a média nos fornecesse um parâmetro razoável, mas não é o caso quando se trata de "crowd counting", que exige recursos que o cidadão comum não dispõe.

Um dos métodos mais simples de contagem foi imaginado por um jornalista chamado Herbert Jacobs, que o criou para medir a quantidade de estudantes que compareciam aos eventos contra a guerra do Vietnam na Universidade de Berkley, nos anos 60. Como jornalista ele não contava com imagens de satélites e ainda não existiam os drones. A vantagem é que a área onde os estudantes se reuniam era demarcada com linhas que formavam grades. Assim, bastava saber a área de cada grade, multiplicar pelo número de estudantes em cada quadrado (densidade) e somar quantos quadrículos estavam ocupados. As densidades variavam ligeiramente de acordo com a distância do epicentro, mas a matemática básica envolvida é primária.

Os recursos evoluíram desde então, mas a lógica subjacente é basicamente a mesma. Como raramente o espaço é previamente quadriculado, esta grade é montada hoje digitalmente, superposta a fotografias aéreas provenientes de drones, aviões ou satélites, de preferência. Os passos são aproximadamente os seguintes, conforme sumarizado por *Farouk El-Baz, do departamento de sensoriamento remoto da Universidade de Boston*:

1. Sobrevoe a multidão no horário de pico utilizando uma aeronave de asa fixa (helicópteros chacoalham e borram as fotos, aumentando os esforços requeridos para analisá-las). A altitude deve ser de 2000 pés ou menos;
2. Fotografe a área em faixas usando uma câmera digital, com sobreposição de 60% entre sucessivas fotos para permitir uma visão estereoscópica (útil para esclarecer fotos ambíguas). A resolução deve ser de aproximadamente um pé por pixel (o artigo é de 2005, hoje pode ser maior);
3. Carregue as fotografias num programa de processamento de imagens e registre a resolução em torno de 1 metro utilizando ortho fotos do terreno, que corrigem a perspectiva das imagens áreas, levando em consideração a curvatura da terra;
4. Superponha uma grade sobre a imagem e classifique os quadrículos pela densidade aparente de pessoas por unidade. É possível também extrair amostras de diferentes áreas e utilizar as estimativas obtivas por estas amostras para calcular as densidades.
5. Insira um ponto para cada indivíduo ou ponto de sombra.
6. Conte ou estime o número de pessoas em casa unidade da grade e depois tabule os números.
7. Calcule o erro – basicamente o número de unidades da grade pelo grau de incerteza a respeito de quantas pessoas elas contem.

Não é possível fugir muito a este procedimento e as diversas mensurações deveriam levar a resultados aproximados ou dentro de margens de erro razoáveis, tal como ocorre nas pesquisas de opinião com base amostral.

Provavelmente o que ocorre é que as instituições estão lançando mão de critérios diferentes que precisariam ser esclarecidos pois do contrário não são comparáveis. A medida foi feita no horário de pico ou levou-se em consideração o fluxo de entradas e saídas durante o dia? Como foram trabalhadas as sombras e acidentes urbanísticos? (por exemplo, área embaixo da marquises, área da construção da ciclovia, etc.). Como foram obtivas as estimativas de densidades? Áreas adjacentes ao epicentro foram incluídas? Quais os limites destas áreas?

Estudiosos do caos (estamos falando dos matemáticos, não dos profetas) mostraram como diferenças insignificantes nos cálculos iniciais podem gerar resultados finais drasticamente diferentes... Não é preciso que haja necessariamente uma unificação das metodologias, mas pelo menos uma explicitação dos critérios empregados para não compararmos bananas e maças. Passado certo patamar, o olho humano não consegue estimar quantidades com precisão e o olhar fica influenciado pelo véu da ideologia.

Chegar a um número confiável é relevante não apenas pelo aspecto político mas também para garantir a segurança e infraestrutura destes eventos que, aparentemente, pela dimensão demonstrada no final de semana, não se diluirão tão cedo...

Um exercício teórico sobre contagem de multidões

No exercício abaixo estimamos a população presente na manifestação da Av Paulista no dia 15/3 em cerca de 240 mil pessoas. Não contamos com fotos aéreas nem com pessoas em campo para fazer as medições empíricas. Partimos de um cálculo puramente teórico levando em conta os seguintes parâmetros:

*   extensão da avenida: 2.700 mts
*   largura: 27,6 mts (12,6 em cada pista e 2,4 do canteiro central)
*   densidade: 3 faixas, seguindo os critérios de Jacobs. Uma mais densa (4,3 pessoas por metro) ao redor do Masp, decaindo para 2,4 e 1,08 nos extremos da avenida. A densidade média, conservadora, foi de 2,34 pessoas por metro.
*   a avenida foi dividida em 28 fatias com 2760 metros cada (total 77.280 mts) e acrescentamos em cada faixa 10% de sua população estimada, de modo a incluir as pessoas nas áreas adjacentes, que se concentravam principalmente nas esquinas.
*   como o evento dura várias horas, existe uma troca de participantes no decorrer do tempo. Estimamos uma taxa de turnover de 20% dos participantes.

Estes foram os parâmetros utilizados para chegar a uma estimativa conservadora de 238.520 participantes (próxima aos 210 estimados pelo Datafolha) no dia 15 de março. Usando os mesmos critérios, a manifestação da CUT/MST de sexta feira (3 blocos compactos, sem áreas adjacentes, sem turnover, usando apenas meia faixa, etc.) teria contado com 45.713 participantes.

Numa estimativa menos conversadora, vamos supor que a densidade em todas as faixas fosse de 4,3 pessoas/mt e que a taxa de turnover foi de 25% e não apenas 20%. Usando estes inputs mais otimistas, o cálculo é de 461.168 pessoas.

No gráfico abaixo estão representadas cada uma das 28 fatias da Paulista, tendo o MASP como marco zero, com suas respectivas densidades e estimativas de participantes:

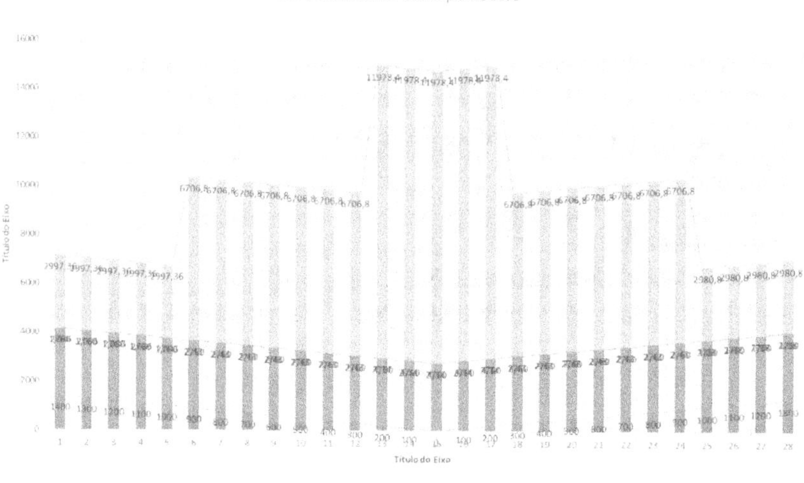

Como argumentamos, estes são apenas exemplos teóricos sobre como realizar a contagem, mas não é possível chegar a uma estimativa concreta sem as fotografias aéreas, levantamentos empíricos da densidade em cada faixa, turnover e outros dados que compõem a fórmula.

De todo modo, a estimativa de um milhão de pessoas parece exagerada, pois isto significaria algo em torno de 9 pessoas por metro (algo próximo a um ônibus lotado) por toda a extensão da Paulista, o que é improvável e não corroborado pelas fotografias. Imagino que para chegar a estimativa de um milhão de pessoas a PM tenha incluído uma grande área adjacente no cálculo e / ou adotado uma taxa de renovação maior do que a usada neste exercício. O Datafolha, por sua vez, parece não levar em conta as áreas adjacentes na sua metodologia. Seria interessante conhecer os respectivos cálculos.

Ps: organizadores da Parada Gay e de manifestações religiosas já falaram em 2,5 milhões e até 4 milhões de pessoas na Paulista, o que é impossível sem revogar as leis da física...

Participar de "redes" é da essência do ser humano. Mesmo em grupos muito diminutos como salas de aula, times de futebol ou participantes de uma festa é possível identifica-las: pessoas que tendem a interagir mais entre si, influenciadores, lideranças, quem fica isolado e quem participa e diversas outras características das redes.

As sociedades complexas permitiram a formação de redes entre pessoas que não se conhecem, moram a milhares de quilômetros de distância e tem muitas características distintas entre si. É provável que caso se avistassem na rua não se reconhecessem e talvez nem mesmo simpatizassem uma com a outra. O que as une é frequentemente um elo efêmero: são fãs do mesmo ator, gostam das mesmas músicas, simpatizam com o mesmo partido, moram no mesmo bairro, defendem a mesma causa. Existe, em suma, alguma identidade entre elas. Ao longo da vida assumimos diversas identidades, simultaneamente, e fazemos parte de diversas redes. Podemos compartilhar certas identidades com uma pessoa – digamos, a mesma paixão pelo futebol – mas termos ideias completamente opostas com relação à política.

As redes sociais – como facebook, twiter, instagram – permitem transformar estas identidades mais ou menos efêmeras em "comunidades" que atuam em rede para compartilhar gostos, ideias, dicas, ações, informações e tudo quanto puder ser de interesse da comunidade. Nas redes, existem os "nós" ou vértices – que podem ser pessoas, posts, fotos - e as arestas, que representam as interações entre estes nós ou vértices dentro da comunidade. Esta combinação de vértices e arestas de ligações, recíprocas ou não, podem produzir redes de diversas configurações. Redes de tipo "broadcasting" com um ou poucos emissores de informações e centenas de receptores, que pouco interagem entre si. Ou redes formadas por sub-redes com bastante interação intra-grupos, formando clusters, ou grupos facilmente discerníveis. A análise do tipo e das características destas redes desperta um grande interesse de sociólogos, politólogos e marqueteiros, pois entender como funcionam é importante para identificar sua capacidade de atuação, seu grau de coesão, quem são os membros mais relevantes e assim por diante.

Parte das redes atuantes no mundo digital é relacionada à defesa de causas diversas: defesa dos animais, contra o aborto, a favor da pena de morte e assim por diante. A questão das armas de fogo e o grau em que devem ser restritas têm gerado grandes polêmicas no Brasil e no mundo. Existem centenas de fanpages no facebook debatendo a questão, defendendo pontos de vista, propondo projetos, divulgando pesquisas sobre o tema.

Estas fanpages, por exemplo, podem ser pensadas como os vértices de uma rede. Ou, para efeitos de comparação, de duas grandes redes que apoiam (desarmamentistas) ou rejeitam as restrições às armas de fogo (armamentistas). Cada uma destas duas grandes redes, por sua vez, está ligada a centenas de outras fanpages, que comungam, geralmente, os mesmos gostos e interesses. Ou de uma maneira mais "acadêmica", podemos dizer que existem afinidades eletivas entre as fanpages curtidas pelos membros das redes.

Neste estudo, identificamos as principais panpages armamentistas e desarmamentistas que militam no facebook brasileiro para tentar identificar como estas redes estão organizadas. As arestas são as interações mutuas entre as panpages, que se visitam, curtem, compartilham e apoiam reciprocamente. Como em todo estudo de rede, a intenção é conhecer o grau de articulação interna e externa, que são os principais players, quantificar a capacidade de mobilização e outras métricas de interesse. Mais interessante que isso, no final, é possível obter insights do tipo: redes armamentistas tendem a interagir com tais tipos de fanpages, conteúdos e personagens e redes desarmamentistas com estes outros tipos. A categoria de fanpage em cada rede pode ser inferida, quase sempre, pelo nome ou pela descrição que seu autor faz dela no momento em que é criada. Nem sempre nome e descrição são precisos, mas acreditamos que a análise destas redes pode nos fornecer um interessante "mapa mental" do que gostam e pensam os defensores e os detratores das armas, em linhas gerais.

Metodologia

O primeiro passo para a identificação dos grandes grupos armamentistas e desarmamentistas no Facebook foi utilizar o recurso "search" da ferramenta Netvizz, utilizando como palavras chave as expressões "armas", "armamento" e "desarmamento". A vantagem sobre o recurso "search" do próprio Facebook é que o Netvizz recupera a informação na forma de planilha e já traz uma série de dados de interesse como o código individualizador da fanpage, nome e número de seguidores. Com estas informações é possível fazer uma depuração, excluindo páginas inexpressivas ou não relacionadas ao tema. Escolhido um grupo razoável de páginas – digamos, as 50 com maior número de seguidores ou algum critério de importância qualitativa – voltamos ao Netvizz com os códigos numéricos das páginas de interesse e utilizamos o recurso *"page like network"*, que, como diz o nome, cria uma rede de páginas conectadas através dos *likes* entre elas. Uma nova base de dados é gerada, trazendo agora informações como quantidades de fãs, atividades de postagem e número de pessoas falando sobre elas no momento. Trazendo, principalmente, a matéria prima da análise de redes: duas colunas contendo todas as interações entre as páginas. Assim, nesta rede, páginas são os "nós" (vértices) da rede e os *"likes"* representam as arestas, ou interações, entre elas. O mesmo procedimento é realizado separadamente duas vezes, uma para a rede armamentista e outra para a desarmamentista.

Estes *networks* formados por vértices e arestas são chamados de grafos e é preciso utilizar softwares específicos para criação, visualização, extração de métricas e manipulação dos grafos. Os mais conhecidos são programas como Ghepi e NodeExcel e optamos por utilizar este último para explorar as duas redes de interesse.

As figuras abaixo ilustram a organização das duas redes: na esquerda a rede armamentista, subdividida em 16 grupos principais e na direita a rede desarmamentista, também subdividida em 16 grupos. Não é possível identificar participantes individuais nestas imagens reduzidas, mas a intenção é mostrar que em ambos os campos tratam-se de diversos grupos articulados em maior um menor grau entre si, no caso, páginas que se curtem mutuamente.

ráfico 1 – redes armamentista e desarmamentista no facebook

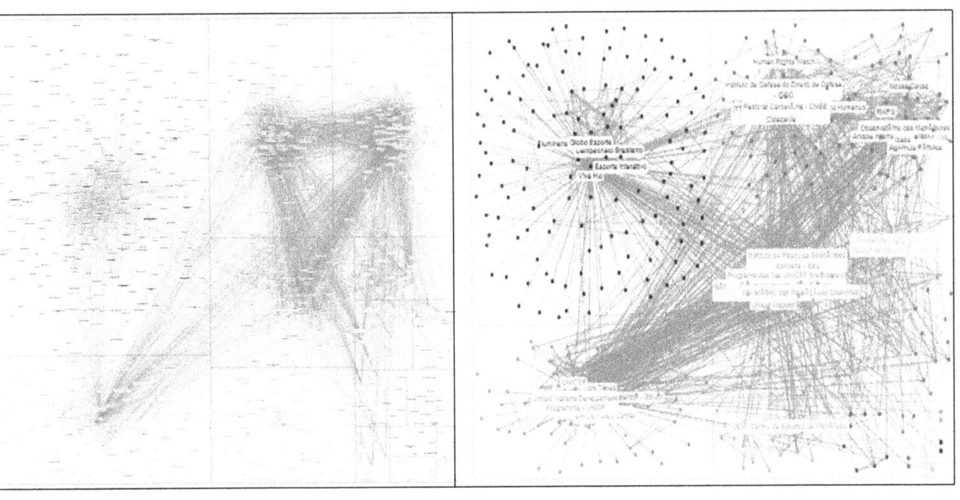

 tabela abaixo traz algumas métricas das duas redes, que curiosamente, do ponto de vista de
uas características quantitativas, parecem bastante semelhantes, embora a rede
rmamentista seja maior em número de vértices e interações. A rede armamentista contem
16 fanpages e 7025 interações e a desarmamentista 441 fanpages e 1418 interações. A rede
rmamentista alcança redes mais distantes, mas a distância geodésica média de ambas gira em
orno de 2,7.

s métricas "densidade" e "modularidade" medem características qualitativas da rede. A
rimeira é uma razão que compara o número de conexões existente no gráfico com o número
e conexões que o gráfico poderia ter potencialmente, se todos os seguidores da panpage
ossem conectados uns aos outros. Em ambas as redes temos baixa densidade, sugerindo que
xistem alguns emissores principais e muitos receptores pouco conectados entre si. A segunda
nétrica se aplica quando o gráfico tem grupos e é uma medida da "qualidade" do
grupamento: redes com elevada modularidade tem conexões densas entre os vértices dentro
o mesmo grupo, mas conexões esparsas entre os vértices em grupos diferentes. A rede
esarmamentista é ligeiramente mais densa (0,41) do que a armamentista (0,36).

abela 1 – métricas de rede

Métricas das redes	Armamentistas	Desarmamentistas
Número de vértices	916	441
Número de interações	7025	1418
Distância geodésica máxima	7	4
Distancia geodésica média	2,77	2,67
Densidade	0,019	0,016
Modularidade	0,36	0,41
Clusters	16	16

Do ponto de vista qualitativo, contudo, a composição das redes é bastante diferente conforme procuraremos evidenciar abaixo contrastando as categorias de páginas que a compõem e os temas presentes em cada uma.

Como não é possível mostrar todos os participantes das redes, selecionamos abaixo somente as 50 páginas mais relevantes dentro de cada rede, de acordo com a métrica *Pagerank*, que é um indicador da importância do vértice dentro da rede. A tabela mostra também a categoria da página, segundo a classificação do criador. Esta amostra de páginas relevantes dá uma boa ideia do tipo de página em cada uma das redes.

No grupo armamentista encontramos entre os membros mais influentes uma mistura de movimentos (contra corrupção, armamento, NRA, Rearme, Viva Brasil, Direita Já), clubes de tiro, políticos de direita (Peninha Mendonça, Flávio Bolsonaro) atletas de tiro, revistas de armas (Armas de Fogo, The American Women Shooter, Women's Outdoor News) e empresas de armas (GLOCK, Smith & Wesson).

Entre os desarmamentistas, por sua vez, lideram as organizações não lucrativas ligadas à segurança pública (Viva Rio, Igarapé, Sou da Paz, Ibase,), instituições de pesquisa e ensino (NEV-USP, Observatório das Metrópoles, IPEA, Centro de Estudo das Metrópoles) organizações internacionais (Anistia, ONU, UNICEF, PNUD, HRW, UNDP, Open Society, Banco Mundial) organização locais de direitos humanos (Direitos Humanos Brasil, Conectas, Pastoral Carcerária, IDDD, ITTC), organizações esportivas e dois Ministérios (Justiça e Relações Exteriores).

Tabela 2 – 50 páginas mais influentes nas redes, segundo a métrica Pagerank

Rede armamentista	PageRank	categoria	Rede desarmamentista	PageRank	categoria
Tchô Perguntar	29,43	Just For Fun	Viva Rio	41,68	Nonprofit Organization
MCC - Movimento Contra Corrupção	17,35	Political Ideology	Instituto Igarapé	16,98	Nonprofit Organization
SK CLUBE DE TIRO	17,10	Gun Range	Sou da Paz	9,50	Nonprofit Organization
Clube de Tiro Javali Lages	9,82	Gun Range	Núcleo de Estudos da Violência da USP	8,38	College & University
CTVV - Clube de Tiro de Vila Velha	6,93	Stadium, Arena & Sports Venue	Anistia Internacional Brasil	4,66	Nonprofit Organization
Campanha do Armamento	6,85	Non-Governmental Organization (NGO)	Global South Unit for Mediation - GSUM	4,07	Education
Rogério Peninha Mendonça	6,56	Politician	ONU Brasil	4,01	Organization
NRA Institute for Legislative Action	5,60	Nonprofit Organization	United Nations	3,57	Organization
Shyanne Roberts	5,42	Athlete	UNICEF	3,44	Nonprofit Organization
Firearms-UK	5,10	Organization	Programa das Nações Unidas para o Desenvolvimento - PNUD Brasil	3,24	Public & Government Service
GLOCK	4,40	Corporate Office	Human Rights Watch	3,08	Nonprofit Organization
Michelle Jean	4,33	Public Figure	United Nations Development Programme - UNDP	3,05	Nonprofit Organization
Girl's Guide to Guns	4,25	Website	ITTC - Instituto Terra, Trabalho e Cidadania	2,98	Non-Governmental Organization (NGO)

Smith & Wesson Corp.	4,21	Product/Service	Ibase	2,94	Nonprofit Organization
Armas de Fogo	4,19	Media/News Company	Globo Esporte	2,83	Sports & Recreation
Lisa Marie Judy, Lady 3 Gun	4,18	Athlete	BRICS Policy Center	2,79	School
The American Woman Shooter	4,07	Media/News Company	Ministério das Relaçõs Exteriores	2,79	Government Organization
Movimento Contra Corrupção - Minas Gerais	3,99	Nonprofit Organization	Nossa Causa	2,77	Marketing Agency
TacTissy	3,99	Public Figure	Direitos Humanos Brasil	2,76	Government Organization
Diana Hufstedler	3,97	Athlete	RAPS	2,74	Political Organization
Janna Reeves	3,97	Athlete	Conectas Direitos Humanos	2,72	Nonprofit Organization
Taran Tactical Innovations	3,94	Local Business	Pastoral Carcerária - CNBB	2,65	Non-Governmental Organization (NGO)
Josh Hansen Shooting Sports	3,88	Athlete	TETO Brasil	2,50	Social Service
Jalise & Justine Williams	3,85	Athlete	Dhesarme - Ação pelo Desarmamento Humanitário	2,46	Cause
Julie Golob	3,82	Athlete	Observatório das Metrópoles	2,42	Education
Duncan McNaughton, Competitive Shooter	3,82	Athlete	LANCE	2,34	News & Media Website
Susan East - Competitive Shooter	3,73	Athlete	Open Society Foundations	2,32	Nonprofit Organization
Clube Piracicabano De Tiro Centro de Trein Charqueada	3,72	Gun Range	The New York Times	2,31	Newspaper
Instructor Zero	3,68	Public Figure	Instituto de Pesquisa Econômica Aplicada - Ipea	2,27	Public Service
SHOT Show	3,68	Nonprofit Organization	UNICEF Brasil	2,26	Nonprofit Organization
Active Self Protection	3,58	Education	Pense Livre	2,23	Non-Governmental Organization (NGO)
NRA Family	3,55	Nonprofit Organization	Esporte Interativo	2,19	TV Network
Women's Outdoor News	3,48	Media/News Company	UNESCO na rede	2,17	Nonprofit Organization
Az de Espadas	3,48	Sporting Goods Store	Instituto de Defesa do Direito de Defesa - IDDD	2,11	Non-Governmental Organization (NGO)
Flavio Bolsonaro	3,48	Public Figure	Agência Pública	2,08	Nonprofit Organization
Movimento Viva Brasil	3,47	Non-Governmental Organization (NGO)	Fluminense Football Club	2,06	Sports Team
Anette Wachter - 30calgal	3,36	Athlete	CEM -Centro de Estudos da Metrópole	2,02	Educational Research Center
Armas Boito	3,35	Sports & Recreation	Campeonato Brasileiro	2,01	Sports & Recreation
NRA Women	3,30	Media/News Company	Haiti Aqui	1,99	Community
5.11 Tactical	3,24	Clothing Store	ONU Mulheres Brasil	1,97	Nonprofit Organization
Rearme	3,20	Organization	BRASIL FUTEBOL CLUBE	1,91	Stadium, Arena & Sports Venue
Movimento Contra Corrupção - São Paulo	3,17	Cause	Banco Mundial Brasil	1,90	Nonprofit Organization
NRATV	3,14	Media/News Company	Cluster Munition Coalition	1,90	Non-Governmental Organization (NGO)
Direita já	3,11	Cause	Meu Rio	1,89	Political Organization
Maggie Reese	3,09	Athlete	Anis - Instituto de Bioética	1,88	Nonprofit Organization

Michelle Viscusi	3,08	Athlete	Vasco da Gama	1,87	Sports Team
Melissa "Missy" Gilliland	3,07	Public Figure	CECIP - Centro de Criação de Imagem Popular	1,86	Nonprofit Organization
Lucas Oil Lady 3 Gun Pro-Am Challenge	3,07	Sports & Recreation	TodoRio.com	1,76	Media/News Company
National Shooting Sports Foundation | NSSF	3,03	Nonprofit Organization	World Bank	1,74	Organization
3-Gun Nation	2,99	Sports League	Ministério da Justiça e Segurança Pública	1,71	Government Organization

A tabela abaixo traz a quantidade de páginas por categoria, em cada rede, tomando agora não apenas as cinquenta páginas mais influentes, mas o total de páginas em cada rede.

Tabela 3 - Categorias de páginas, conforme a descrição no momento da criação

Categorias mais frequentes	Armamentistas	Categorias mais frequentes	Desarmamentistas
Atleta	138	Organização Não Lucrativa	59
Comunidade	111	Comunidade	35
Figura Pública	77	Mídia /empresa de notícias	31
Organização Não Lucrativa	48	ONG	24
Político	32	Site de notícias	18
Mídia /empresa de notícias	28	Organização Governamental	17
Clube de tiro	27	Universidade	10
Empresa	19	Time esportivo	9
Produto / Serviço	19	Educação	9
Causa	17	Jornais	8
ONG	16	Site de recreação / esporte	7
Interesse	16	Causa	6

Algumas categorias são comuns a ambas, tais como "comunidade", "organização não lucrativa", "mídia/empresa de notícia", "causa" ou "ONG" enquanto outras são específicas.

Os "atletas" são a categorias mais frequente na rede armamentista. Basicamente, como sugerido, são praticantes de tiro esportivo, principalmente norte-americanos, que são um dos grupos mais contrários às restrições a posse de armas. Observe-se que pelo Estatuto do Desarmamento os praticantes de tiro tem seus direitos defendidos no Brasil e o grupo não é o alvo preferencial das campanhas e leis de restrição. Assim mesmo, parecem estar na linha de frente na rede armamentista. Os clubes de tiro também aparecem com relativa frequência dentro da rede armamentista.

No campo desarmamentista também encontramos diversas fanpages relacionadas aos esportes, mas aqui a maioria delas é brasileira e relacionada ao futebol. Observe-se, por exemplo, a participação dos "times esportivos" e sites de recreação e esporte dentro da rede. Esta característica parece ter relação com a atuação da ONG Viva Rio, que tem inúmeros laços com estes times amadores de futebol cariocas e que os trouxe para dentro da campanha de restrição as armas.

É possível notar grande presença de "políticos" brasileiros na rede armamentista, a maioria deles de espectro de centro direita e com campanhas financiadas pela indústria de armas, como os que estão negritados. Da relação abaixo, sete receberam doações das Forjas Taurus ou Companhia Brasileira de Cartuchos para suas campanhas eleitorais. Entre os mais importantes na rede estão os deputados Peninha Mendonça, Fernando Francischini, **Alberto Fraga**, **Aldo Schneider**, Ronaldo Caiado, **Onyx Lorenzoni,** Manoel Junior, Dário Berger, **Nelson Marchezan**, Guilherme Mussi, Eduardo Pinho Moreira, Ronaldo Benedet, Eliseu Padilha, Coronel Telhada, Moreira Franco, **Alceu Moreira**, Mauro Mariani, Laudivio Carvalho, José Agripino, Veneziano Vital, Roberto Requião, Rand Paul, Magno Malta, **Marcos Montes Cordeiro**, Cássio Cunha Lima, Eduardo Braga, Luiz Henrique da Silveira, Magda Mofatto, Deputado **Arnaldo Faria de Sá**, Jair Bolsonaro e Lincoln Portela. Curiosamente, fazem parte da mesma rede armamentista diversos movimentos contra a corrupção e diversos políticos acusados de corrupção.

Aparecem também na rede páginas da categoria "figuras públicas", tais como, Flavio Bolsonaro, Jair Messias Bolsonaro, Álvaro Dias, Eduardo Bolsonaro, Marcos Do Val, Carlos Bolsonaro, Sargento Alexandre, Rodrigo Fukuoka, Sargento Galesco, Conte Lopes, Kim Kataguiri, Sargento Heronides, Julian Lemos e Delegado Eduardo Prado. Por curiosidade, apenas uma figura pública aparece na rede desarmamentistas - o apresentador de TV Luciano Huck – e apenas um político mais conhecido, Fernando Gabeira.

É nítida, portanto a organização superior da rede armamentista no que diz respeito aos contatos com a classe política. Várias páginas mencionadas na rede pertencem a políticos da denominada "bancada da bala", por terem recebido recurso da indústria de armas nas campanhas eleitorais. Assim, é natural encontrar na rede páginas das empresas interessadas na circulação irrestrita das armas de fogo. São revistas e jornais que lidam com o tema, estandes de tiro, lojas de equipamentos e, principalmente, grandes fabricantes como Smith & Wesson Corp, BERETTA, Colt, Airsoft International, Taurus USA, Airsoft Megastore, Taurus Armas, Glock, IMBEL, Companhia Brasileira de Cartuchos, etc. Note que estamos analisando uma rede de likes entre páginas e, portanto nada mais natural que defensores de armas curtam suas marcas preferidas na internet.

Se encontramos poucos vínculos com políticos e empresas na rede desarmamentistas, por outro lado, temos muito mais ligações com páginas de universidades e instituições de pesquisa e ensino. Ao que parece os militantes desarmamentistas levam mais em consideração a questão das evidências empíricas e científicas sobre a questão das armas. Dezenas de instituições de pesquisa estão presentes na rede desarmamentistas, de modo que listamos aqui apenas as mais conhecidas, tais como: Núcleo de Estudos da Violência da USP, Observatório das Metrópoles, Instituto de Pesquisa Econômica Aplicada – Ipea, CEM - Centro de Estudos da Metrópole, International Association for Political Science Students, USP - Universidade de São Paulo, CESeC - Centro de Estudos de Segurança e Cidadania, Fundação Fernando Henrique Cardoso, International Sociological Association (ISA), Fórum Brasileiro de Segurança Pública, Small Arms Survey, NAU - Núcleo de Antropologia Urbana da USP, FFLCH – USP, IBCCRIM, Violence Research Centre, University of Cambridge, Iesp-Uerj, Instituto de Estudos Avançados da USP, Manifesto contra a revogação do Estatuto do Desarmamento, American Sociological Association, Depto. de Antropologia da USP, Instituto Latino-Americano de Estudos Avançados - ILEA/Ufrgs, FGV, Núcleo de Antropologia do Direito - NADIR/ USP, Cebrap, UrbanData - Brasil: Banco de Dados sobre o Brasil Urbano, ABCP - Associação Brasileira de Ciência Política, CEBRI - Centro Brasileiro de Relações Internacionais, The International Institute for Strategic Studies, Berkeley Journal of Sociology, e inúmera outras.[4]

Quem acompanha o debate sabe que é comum os defensores do desarmamento argumentarem com base em pesquisas e dados, analisando a questão do ponto de vista do seu impacto sobre a segurança pública. Mas por diversos motivos, a defesa do desarmamento acabou vista pela sociedade como uma causa ideológica "da esquerda" ou de grupos de direitos humanos. O fato de o Estatuto ter sido aprovado durante o governo Lula e de que as maiores vítimas das armas são jovens negros e pobres da periferia pode ter contribuído para esta clivagem. De toda forma esta pretensa divisão não existe apenas no Brasil e é encontrada e reforçada também em outros países onde as restrições ao armamento são discutidas, com os chamados grupos "de direita" se alinhando contra as restrições e os "de esquerda" a favor.

A se fiar no "mapa mental" fornecido pelas ligações reveladas pelas redes, o ideário do defensor típico das armas de fogo no Brasil envolve ideias força como: anticorrupção, Bolsonaro, liberdade, forças militares, MBL, Olavo de Carvalho, legítima defesa, Veja, Sergio Moro, Janaina Pascoal, polícias civil e militar, Conte Lopes, Kim Kataguiri, antidireitos humanos, Rachel Sheherazade, Isto É, antipetismo, caça, etc.. Não estamos querendo dizer que todo defensor das armas de fogo apoie estas ideias. Mas parece evidente a existência de um viés de conservadorismo direitista na média do grupo.

É sintomático que estas páginas estejam todas associadas no interior da rede armamentista. Parecem existir afinidades entre desarmamento e estes temas e ideias "de direita", na forma como o debate foi colocado no Brasil. E colocar o debate nestes termos – "coxinhas" versus "petralhas" - parece uma estratégia dos grupos interessados na liberação das armas: na falta de evidências sobre os benefícios das armas para a segurança, se aposta no discurso segundo o qual desarmamento é defendido por comunistas, petistas, corruptos, defensores dos bandidos, etc. Desde o plebiscito sobre a venda de armas – vencido alias com base na exploração proposital dos argumentos utilizados pela NRA nos Estados Unidos – há um esforço para associar o Estatuto do Desarmamento com a "esquerda", na tentativa de conquistar para a causa armamentista aqueles que são contra o PT, contra Lula e Dilma e contra a corrupção. Os defensores das armas, ao contrário, seriam os defensores da liberdade, do impeachment, da Lava Jato, da moralidade, do mercado, das polícias e forças armadas, etc.

A nuvem de palavras abaixo foi construída utilizando as palavras mais frequentes contidas nas descrições das páginas que formam a rede armamentista e nos dão uma boa noção do ideário que ela contém.

---

[4] É relevante que o leitor saiba, para interpretar o texto, que o autor foi ou é ainda membro de diversas organizações de pesquisa listadas na rede desarmamentista. Por questões éticas, seria interessante que todos os autores que escrevem sobre o tema declinassem suas filiações e patrocínios.

iferentemente do que sugere a rede armamentista, o discurso da rede desarmamentistas está longe de incluir tópicos "de esquerda" ou defendido apenas pelas esquerdas. Os movimentos de direitos humanos estão presentes, mas também diversas organizações oliciais. Na verdade trata-se de uma rede muita mais "técnica" do que político-ideológica, nvolvendo institutos de pesquisa, órgãos das Nações Unidas, órgãos do governo, niversidades, especialistas em segurança.

azendo este mapa metal do grupo desarmamentistas nos deparamos com os seguintes emas: futebol, segurança, direitos humanos, ONU, pesquisa, estudos, USP, Rio de Janeiro, rogas, sociologia, antropologia, violência, paz, cidadania, etc. Não existem quase conexões om o mundo político e muito menos com o PT ou membros dos governos Dilma e Lula. Não á defesa do comunismo ou movimentos contrários a Moro ou ao combate à corrupção. Um rupo não é a antítese ideológica do outro. Na verdade, os dois grupos parecem estar ialogando com lógicas e argumentos diferentes: um argumentando em termos político-ieológicos e o outro argumentando com base em evidências empíricas e avaliações de custo-enefício. Abaixo construímos a nuvem de palavras da rede desarmamentistas, para permitir visualização das palavras chave mais frequentes na rede.

Foram estas evidências e avaliações trazidas para o debate pelos especialistas em segurança que tornaram possível a elaboração do Estatuto do Desarmamento durante o governo FHC e que apenas em decorrência da longevidade dos debates no Congresso foi aprovado no primeiro ano do governo Lula, em 2003. Na época houve uma convergência de interesses que tornou a aprovação do Estatuto possível. Esta talvez tenha sido a medida de maior impacto na segurança já aprovada pelo Congresso.

Logo após a aprovação do Estatuto começaram as iniciativas para enfraquece-lo – não obstante inúmeras pesquisas terem sugerido seu impacto para a redução dos homicídios. Existem dezenas de propostas para flexibilizar as restrições ou simplesmente revogar o Estatuto. Trata-se de um jogo político pesado e é bastante provável que o lobby das armas consiga fragilizar o Estatuto, na medida em que conta com forte base parlamentar e recursos das indústrias interessadas no fim das restrições. Contra o lobby das armas, temos grupos e instituições renomadas na área acadêmica e atuação na sociedade civil, apoio de parte dos meios de comunicação, mas sem uma bancada parlamentar atuante ou recursos para patrocinar a defesa do Estatuto. Instituições de grande prestígio e moral, mas como ironizava Stalin quando lhe falavam da força da Igreja, "quantos exércitos tem o Papa"?

Com esta configuração de forças, é mesmo espantoso que o Estatuto tenha sido aprovado. Foi o trabalho de um pequeno grupo de especialistas atuante, de dentro e de fora do governo, que conseguiu convencer o executivo e o legislativo à época da relação entre disponibilidade de armas e homicídios e suicídios. Não parecem existir no momento grandes defensores do Estatuto do Desarmamento no governo e no Congresso. Se os grupos a favor da manutenção do Estatuto não mobilizarem seus exércitos – instituições acadêmicas, sociedade civil, meios de comunicação – veremos em breve o desmonte completo do Estatuto. Desmonte travestido de defesa da liberdade, para escamotear os interesses das empresas que lucram com a farra das armas.

Bibliografia

Gabardo, Ademir C. Análise de Redes Sociais – uma visão computacional. Novatec, São Paulo, 2015.

Analisyng Social Media Networks with NodeExcel. Hansen, Derek L.; Schneiderman, Ben e Smith, Marc A. MK, 2011.

SILVA, Tarcízio; STABILE, Max. (Org.) Monitoramento e pesquisa em mídias sociais: metodologias, aplicações e inovações. São Paulo: Uva Limão, 2016.

Relação entre renda e crimes contra o patrimônio: ilustrando com LISA MAPS

O "lisa map" é uma ferramenta que visa tornar aparentes possíveis agrupamentos e padrões inerentes aos valores do atributo que está sendo estudado, buscando a caracterização de uma possível estrutura de dependência espacial. Ele procura por agrupamentos espaciais, levando em conta tanto a taxa observada no município quanto nos municípios contíguos. Note-se nos mapas abaixo como é mais fácil localizar as concentrações espaciais do fenômeno pelo lisa map.

Para ilustrar a ferramenta "lisa" maps (local indicator of spacial association) utilizamos as taxas municipais por 100 mil hab. de 2005 para os crimes de homicídio doloso, estupro, latrocínio, roubo e roubo de veículo, furto e furto de veículo. O software utilizado para a construção dos mapas foi o Geoda, cujo download pode ser feito gratuitamente pela Internet.

O gráfico mais abaixo traz dois mapas, um diagrama de dispersão e o Índice global de Moran: o mapa de cima é um mapa coroplético padrão, que apenas divide as taxas em 10 faixas de cores, graduando a intensidade do fenômeno; um mapa onde "cada uma das áreas é colorida de acordo com uma escala discreta baseada no valor do atributo de interesse naquela área".

Os mapas coropléticos já mostram agrupamentos ou tendências regionais dos dados, mas há uma outra forma de tornar estes agrupamentos, quando existem, mais aparentes, reduzindo a variabilidade espacial gerando uma superfície mais homogênea, conhecida como Lisa Map.

Tais mapas colorem os municípios em 4 cores: as cores fortes mostram os agrupamentos consistentes enquanto as fracas os locais que fogem ao padrão dos seus vizinhos (ex: município com taxa elevada de homicídio cercado de vizinhos com taxas baixas, ou o inverso). A legenda de cores deve ser interpretada da seguinte forma:

1) vermelho forte: município que apresenta valor alto na característica estudada e seus vizinhos também, revelando dependência espacial;

 2) azul forte: município que apresenta valor baixo na característica estudada e seus vizinhos também, revelando dependência espacial;

3) vermelho fraco: município que apresenta valor alto na característica estudada mas seus vizinhos não, revelando um "desvio" ou uma área de transição;

4) azul fraco: município que apresenta valor baixo na característica estudada mas seus vizinhos não, revelando um "desvio" ou uma área de transição;

O diagrama de dispersão é dividido em 4 quadrantes que representam as quatro cores no mapa "lisa", mostrando regiões com valores acima e abaixo da média, bem como regiões desviantes com relação aos seus vizinhos: o quadrante superior direito mostra os casos em vermelho forte (associação alta no município e também nos seus vizinhos) e o quadrante inferior esquerdo mostra os casos azul forte (associação baixa no município e seus vizinhos). O quadrante superior esquerdo e inferior direito, por sua vez, mostram os casos "desviantes": município com valor alto cercado de vizinhos com valores baixos ou município com valor baixo cercado de vizinhos com valores altos;

O índice global de Moran, por sua vez, é um indicador estatístico para verificar a autocorrelação espacial de forma geral para o conjunto de dados. O índice varia de 0 a 1 e quanto mais próximo de 1, maior a associação espacial global do fenômeno analisado.

Observe-se que quando maior o índice de Moram, maior a concentração dos pontos em torno de uma reta imaginária que perpassa os dois quadrantes fortes (quadrantes das associações consistentes)

Os Mapas lisa revelam que há uma forte associação espacial para as taxas de roubo, roubo de veículos e furto de veículos, com regiões claras de alta (vermelho) e baixa (azul) incidência. A existência de regiões onde um problema é mais concentrado é uma informação importante para traçar uma política específica aplicada 'aquela região, bem como para tentar compreender as causas do fenômeno: o que está por traz destas regiões de alta ou de baixa incidência?

A literatura criminológica aponta uma relação entre renda e crimes contra o patrimônio. O próximo mapa, utilizando a ferramenta Lisa para a distribuição de renda no Estado, confirma esta associação, também do ponto de vista espacial.

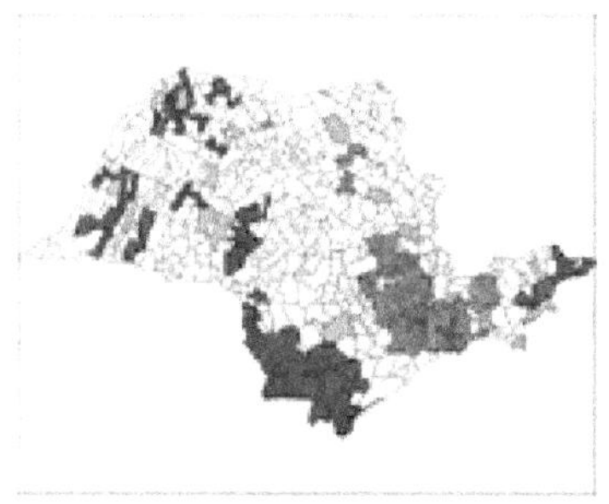

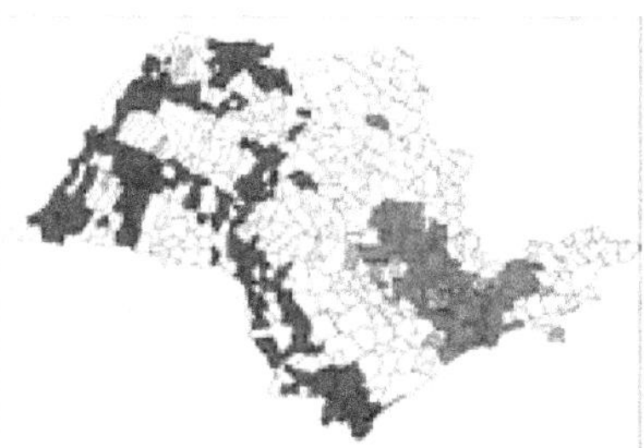

Os mapas sugerem, confirmando a literatura, que a magnitude da renda numa determinada região faz aumentar ou diminuir a incidência de crimes contra o patrimônio e que, como diz o ditado, a oportunidade faz o ladrão.

Perfil Geográfico ou como Sir Isac Newton ajudou a capturar 'Ferrugem"

O uso na polícia da localização dos crimes para compreender um criminoso e sugerir onde ele reside é conhecido como Caracterização Geográfica ("Geographical Profiling" - Canter, 2003) .

Caracterização Geográfica é uma ferramenta de apoio à decisão usada pelas polícias para fazer conjecturas sobre a localização provável de um criminoso serial (Rossmo, 2000; Godwin, 2003). Ou ainda "uma metodologia de investigação criminal que analisa a localização de uma série de crimes conectados para indicar a mais provável área de residência de um autor; é usada primariamente como uma ferramenta para a priorização de suspeitos" (Rossmo, 2005).

Na definição de Wilson, alternativamente, "caracterização geográfica é uma técnica de investigação criminal que procura fornecer informações sobre a provável base de operações de um agressor através de uma série de crimes...as predições são baseadas na localização dos crimes, outras informações geográficas sobre o caso e o suspeito e certas pressuposições acerca da distância que os criminosos percorrem para cometer crimes." (Wilson, 2005)

Os fundamentos teóricos da metodologia estão baseados na "criminologia ambiental", na teoria do "crime como atividade de rotina" e "teoria da escolha racional"e a maior parte da teoria exposta aqui está baseada nas obras de David Canter - especialmente seu "Mapping Murder : the secrets of Geographical Profiling" - Kim Rossmo desenvolvedor do Rigel e Ned Levine, desenvolvedor do Crimestat.

Mais do que um mapa é uma estratégia de investigação que deve estar integrada com outras estratégias de priorização de suspeitos, que envolvem a busca em diversos bancos de dados, patrulhamento direcionado, denúncias da comunidade e evidências forenses (Rossmo, 2005)

Como estratégia auxiliar de investigação, a caracterização geográfica não "resolve" diretamente nenhum crime e não produz resultados que sejam válidos do ponto de vista forense, como uma confissão, prova testemunhal ou evidência física; depois de identificado o rol de suspeitos prováveis, estes outros elementos são necessários para a resolução do caso.

A metodologia é particularmente usada para a localização de criminosos seriais: homicidas, estupradores, piromaníacos, arrombadores, extorquidores – e não se aplica a todo tipo de crime ou criminoso.

Além da priorização de suspeitos, a estratégia tem sido utilizada nas polícias para buscas residenciais, saturação policial de determinada área, blitzes, busca de veículos cujos de residentes de determinada área e envio de correspondência ou contato telefônico com residentes de determinada área em busca de informações.

Como qualquer método probabilístico, a precisão da previsão aumenta com a amostra: três ou cinco casos é o mínimo de casos recomendado, dependendo do autor, embora Rossmo cite que na média os casos nos quais a polícia utilizou o procedimento envolveram 14 casos.

Além de um mínimo de casos, Rossmo indica como pré-requisitos 2) que o agressor tenha um ponto de origem estável no período dos crimes (85% dos casos é a própria residência) 3) que o agressor esteja usando um método de "caça" apropriado e 4) que o alvo seja razoavelmente uniforme

Um dos fatos mais objetivos ligado aos crimes é onde e quando ele ocorre. A escolha do local do crime raramente é aleatória e dá indícios sobre o perfil do criminoso.

Os crimes seriais são premeditados e a escolha do local do crime é determinada, entre outros fatores, a) pela disponibilidade da vítima, principalmente para aquele que são especializados em certo tipo de vítima (prostitutas, homossexuais, etc). A metodologia não é totalmente aplicável para os casos de agressores que perseguem suas vítimas; b) pelo conhecimento que o criminoso tem da área, porque mora ou morou (trabalhou) no local c) pelas vias de acesso e escape d) pelo nível de fiscalização e risco de detecção existentes no local;

Se o local é particularmente propício para cometer um crime (uma área isolada para praticar estupros, com fácil ponto de fuga, por exemplo) o criminoso tende a utilizar o mesmo local, se ele acredita que o crime "esfriou";

Ao traçar o perfil dos possíveis suspeitos, deve-se levar em conta a proximidade da moradia do suspeito com relação 'a área do crime, bem como sua familiaridade com ela. A área não é necessariamente onde o criminoso reside atualmente pois ele pode ter passado a infância no local, casa dos país, etc. Por outro lado, por medo de reconhecimento, os criminosos tendem a deixar uma distância imediatamente ao redor da sua área de residência. A exceção são os assassinos seriais que atraem as vítimas para dentro de suas casas.

Conceito de "Distance Decay": a maior parte dos crimes é cometida perto da residência dos criminosos e a quantidade de crimes vai diminuindo conforme vai aumentando a distância da residência do autor. Todavia, a atividade criminal diminui na área imediatamente próxima da residência do autor, que geralmente cria uma "zona de segurança" a sua volta.

Numa função do tipo distance decay, a probabilidade de travessias entre dois pontos decresce com a distância. A presunção subjacente é de que o custo da travessia cresce com a distância e que os criminosos, se puderem, limitarão as distâncias de viagens para o crime com a finalidade de minimizar seus "custos" (Levine, 2005);

O conceito de distance decay foi extraído da teoria da gravidade de Newton que propõe, por exemplo, que o peso de um corpo diminui a medida em que o objeto se afasta do campo gravitacional do centro da terra (cai com a distância). ("a matéria atrai a matéria, na razão direta do produto das massas e na razão inversa do quadrado da distância que as separa")

O mesmo conceito é utilizado em mercadologia: uma dona de case se move a distância maiores para fazer as compras do mês mas as pequenas compras diárias são feitas no mercado da esquina.

Os criminosos podem ser classificados pela escala geográfica em que atuam: existem o "locais", os que atuam em grandes distâncias (marauders) e os casos mais raros dos que viajam para cometer crimes (commmuters). Plotar num mapa os crimes conhecidos de um autor é uma forma de conhecer a escala geográfica em que o criminoso atua.

As distâncias entre local do crime e local de residência do autor são menores nos casos de homicídios de autoria conhecida.

As distâncias entre o local do crime e local de residência do autor são menores no caso de autores adolescentes (talvez em virtude da ausência de automóvel)

Aqueles que abordam suas vítimas a pé são mais locais do que os que abordam a vítima de carro; um estudo de assassinos seriais alemão sugere que nestes casos as distâncias são seis vezes maiores.

Distância média da jornada varia de acordo com vários fatores: tipo de crime, modus operandi, período do dia, relacionamento entre autor e vítima, valor do bem almejado, etc.

Criminosos que cometem crimes contra a propriedade geralmente andam distâncias maiores do que os que cometem crimes contra a pessoa; crimes à noite e envolvendo pessoas conhecidas são mais próximos; crimes envolvendo valores baixos são mais próximos, etc.

A distância que a vítima percorrerá com o autor depende também do tipo de vítima: vítimas mais subjugáveis (crianças, mulheres, idosos, deficientes, etc.) tendem a acompanhar o autor sem causar problemas por distâncias maiores. Nos casos de crimes contra o patrimônio, quanto maior a quantia envolvida, maior a distância percorrida pelo criminoso.

Quando uma série de crimes se torna muito visível em função do destaque na mídia, é provável que o autor, temendo ser capturado, mude a direção e aumente a distância no cometimento dos próximos crimes. Rossmo denomina o fenômeno de deslocamento espacial (spatial displacement) que também pode ser provocado pela saturação policial na área de caça do agressor.

Ao plotar num mapa todos os crimes conhecidos de um determinado autor, é alta a probabilidade de que ele resida no interior de um círculo formado pelos pontos extremos dos crimes a ele atribuídos. Canter estimou que " de metade a três quartos dos criminosos estudados vive em uma área que pode ser definida por um círculo cujo diâmetro junta os dois crimes mais distantes" (hipótese do círculo);

Diferentemente do procedimento de geographic profiling, que produz uma superfície de probalidades, usando uma função distance decay, os métodos centrográficos geram pontos específicos num mapa lançando mão apenas da geometria:

Programas como o Crimestat permitem calcular o "centro de gravidade" de uma série de crimes, em função das coordenadas geográficas dos mesmos: existem diversos métodos para calcular este centro, tal como o "centro de mínima distância", o centro médio ou o centro modal.

Além do "centro de gravidade", os programas de geographical profiling examinam a densidade das ofensas, o padrão geométrico e as vias de acesso que o criminoso pode estar utilizando.

Presume-se a priori que o criminoso sai sempre de uma única e mesma origem e retorna rapidamente a ela logo após o crime, para evitar a detecção.

A rotina "jornada para o crime" é um procedimento no Crimestat para fazer o geographic profiling e faz estimativas sobre a provável localização de um criminoso serial, baseado nas propriedades da distribuição espacial das ocorrências por ele cometidas.

A idéia como vimos é fornecer para a polícia não um endereço ou ponto específico no mapa, mas uma estratégia de busca que poupe esforços economizando recursos em locais pouco prováveis. Diferentemente dos métodos centrográficos - que indicam apenas um ponto no mapa – o geographic profiling produz uma superfície de probabilidade que indica uma estratégia de busca ideal (Rossmo).

O resultado é um modelo de probabilidade, baseado na similaridade com outros criminosos que cometem o mesmo tipo de crime e no padrão espacial de crimes do criminoso específico.

Fase 1 – construção de uma grade de células que envolva toda a área em potencial. Para o município de São Paulo, por exemplo, construímos uma grade com 15.100 células

Fase 2 – "calibração" das distâncias, a partir de uma amostra de casos reais, onde se conhece o local da residência do agressor e o local do crime. Para São Paulo, trabalhamos com uma amostra de 981 homicídios para os quais ambas as informações estavam disponíveis. A partir da amostra foi extraída uma "função de queda de distância" para os homicídios na cidade.

Fase 3 – quando não existe uma amostra real de casos conhecidos para a calibração das distâncias, pode usar uma fórmula matemática que se aproxime de uma função distance decay. A "exponencial negativa trucada", baseada na teoria de gravidade de Newton, tem sido mais utilizada pelos analistas;

Fase 4 – baseada na localização das ocorrências de um criminoso serial e na similaridade com crimes do mesmo tipo, uma probabilidade é calculada para cada uma das 15.100 células em que a cidade foi dividida. Cria-se assim uma superfície de probabilidade

É provável que a polícia já tenha em seus registros o endereço de moradia dos criminosos violentos e seriais pois ninguém se torna um criminoso violento de um dia para o outro; muito provavelmente um autor de crime violento tem antecedentes criminais. Se o autor se preocupa em não deixar indícios forenses no local do crime, isto também é indício de que ele provavelmente tem antecedentes criminais. Um estudo de criminosos que seqüestram ou matam crianças sugeriu que em 86% dos casos resolvidos, a polícia já tinha o nome do suspeito em seus registros;

Um dos maiores problemas para a polícia é precisamente o de saber que crimes estão ligados a um e mesmo autor: as características físicas, o modus operandi e evidências forenses, como exame de balística, pegadas ou de dna são os indicadores para se tentar estabelecer a autoria comum de uma série de crimes. O estabelecimento correto de que crimes foram cometidos pelo autor é crucial para fazer um bom trabalho de caracterização geográfica. Um crime erroneamente classificado pode influenciar no cálculo da área de residência do autor bem como na previsão dos próximos crimes.

Além de local do crime e residência do autor, existem diversos outros "locais" cujo mapeamento auxiliaria na localização do autor: mapeamento dos caixas eletrônicos utilizados pelos criminosos, ERBS das ligações por celular, local das câmeras de vídeo que registraram a passagem do suspeito, local onde os objetos associados ao crime foram encontrados, local onde pessoas empresas foram ameaçadas, local das multas associadas a um veículo procurado, etc.

Um estupro, por exemplo, envolve a área de abordagem das vítimas, a área de consumação e a área em que a vítima é libertada;

Seguindo estas pistas eletrônicas, é possível identificar a trajetória e localização do suspeito

Geralmente há um intervalo regular de tempo entre um crime em série e outro. O conhecimento deste intervalo, do horário, do dia da semana e do mês pode fornecer indícios importantes para identificar o autor. Por exemplo, quando os crimes são cometidos ao amanhecer, é provável que o autor esteja perto de sua "base". Assim, pelo horário do crime é possível estimar se o autor está mais próximo ou distante de sua base. É importante tentar estabelecer corretamente se ele está indo ou voltando para sua base para utilizar a informação relativa ao horário do crime. Uma série de crimes ocorridos entre 12:30 e 13:00 sugeriram corretamente, num exemplo de Rossmo, que o agressor cometia seus crimes durante a hora do almoço e que portanto trabalhava próximo do local dos crimes.

Crimes praticados nos finais de semana podem indicar um criminoso que tem uma ocupação regular e que pratica crimes de ocasião, quase como uma forma viciosa de recreação. Crimes cometidos em dias de semana podem indicar um criminoso de tempo integral e maior planejamento das ações.

A seqüência de crimes deve ser analisada. É mais provável que o autor resida próximo dos primeiros crimes identificados do que dos últimos. Nos primeiros crimes o autor está de alguma forma "praticando" sua estratégia e marcando seu território. A divulgação do crime, a prática e as eventuais buscas policiais fazem com o território vá se alargando com o tempo.

Canter aplicou seu modelo na análise da disposição dos corpos de 70 assassinos seriais norte americanos. 51% dos criminosos residia dentro de 5% da área prioritária sugerida pelo programa Dragnet, e 87% no perímetro de 25% da área prioritária sugerida. Todos os criminosos residiam dentro das macro-áreas sugeridas.

Na Inglaterra, em 90% dos homicídios cometidos por desconhecidos, o autor era familiarizado com a área do assassinato; em média os homicidas percorreram 525 jardas de sua base até o local do crime. Criminosos se sentem mais seguros atuando em áreas que conhecem.

Testado a metodologia: estudo de caso 1 - Ferrugem, estuprador da Vila Mariana

Modus Operandi – aborda vítima a pé, anunciando roubo, pega pelo braço e anda algumas quadras com a vítima até um local ermo, utilizando 3 diferentes locais para consumação do ato. Simula portar faca ou arma e faz ameaças verbais. Estupro é objetivo principal; roubo parece ser antes uma forma de abordagem. Pratica quase sempre sexo oral, bolina e deu nó nas roupas de várias vítimas.

21 (prováveis) crimes praticados entre agosto de 2004 e agosto de 2005. 17 crimes praticados entre 18:00 e 22:30, sugere que agressor tem emprego. Atacou em média uma vez a cada 16 dias, em 2005. Maioria dos ataques ocorria entre quarta-feira e sábado;

Cor branca ou parda. Olhos castanhos escuros / preto; cabelo castanho escuro / preto; magro; medindo entre 1,65 e 1,78; trajando calças jeans, tênis e jaqueta; idade entre 21 e 27 anos

Equipes do 16º DP, 36º DP, 2º DDM e P2 da área foram abastecidas pela CAP com informações sugeridas pela "caracterização geográfica"; material coletado das vítimas foi enviado ao IML para verificação da autoria dos estupros (se era um ou mais autores)

Como previsto, autor residia próximo dos ataques: abordagem mais distante foi a 2 km e mais próxima a 460 mts da sua residência;

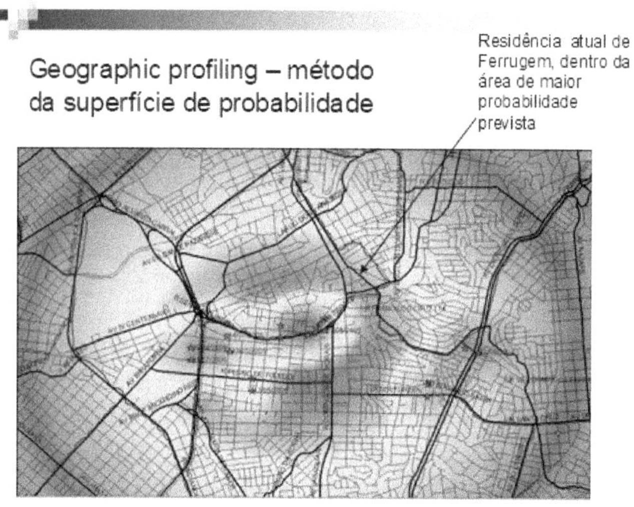

Como previsto, residência ficava na área de maior probabilidade sugerida pela caracterização geográfica;

Como previsto, centro geométrico dos ataques foi próximo de várias abordagens, inclusive a última que redundou na captura do suspeito;

Como previsto, autor já estava nos bancos de dados da polícia (infocrim) desde 2002, quando foi condenado por estupro;

Com mapeamento de suspeitos, suspeito poderia ter sido capturado a partir do 3 ou 5 ataque, sem necessidade de campana, bastando a identificação nas bases policiais dos criminosos condenados por crimes sexuais, com perfil semelhante, que residiam na área prioritária sugerida.

Estudo de caso 2: o maníaco de Guarulhos

O caso de Leandro Basílio Rodrigues, conhecido como o Maníaco de Guarulhos, é um bom exemplo para ilustrarmos as possibilidades da técnica de caracterização geográfica, embora neste caso o suspeito já tenha sido identificado e preso pela polícia, e sua residência localizada.

Morando em Guarulhos no momento dos crimes, o jovem de 19 anos pretensamente roubou, estuprou e matou mais de 20 pessoas em três diferentes Estados, segundo suas próprias confissões, começando pelo assassinato de uma companheira aos 17 anos em Minas Gerais, passando pelo Rio de Janeiro e terminando com o estupro e morte de uma jovem de 25 anos em agosto de 2008 no ginásio de esportes de Guarulhos.

Nesta simulação, estaremos utilizando somente os casos ocorridos em Guarulhos em que o suspeito confessou ou foi reconhecido pela vítima, excluindo portanto o caso de V. K., jovem de 20 anos encontrada morta em 22 de maio de 2008 e que a polícia também atribui ao Maníaco de Guarulhos.

DATA	NOME DA VÍTIMA	IDADE	Natureza
28/7/2006	EDNA BERNARDO DA SILVA	23	HOMICIDIO, ESTUPR
19/8/2006	VANESSA BATISTA DE FREITAS	22	HOMICIDIO, ESTUPR
7/9/2007	KELIANE LEITE DA SILVA	23	HOMICIDIO, ESTUPR
30/9/2007	VIVIANE DA SILVA CORREA	24	HOMICIDIO, ESTUPR
30/5/2008	JULIANA TEIXEIRA DO NASCIMENTO	27	HOMICIDIO, ESTUPR
17/8/2008	A.N.T	22	ESTUPRO
20/8/2008	G.R.A.M	19	ESTUPRO, ROUBO
20/8/2008	VANIA CORREIA		
26/8/2008	ALINE SENA DA ROCHA	19	HOMICIDIO, ESTUPR
27/8/2008	GISELE CABRAL DE SOUZA	25	HOMICIDIO, ESTUPR

Conseguimos plotar no mapa, portanto, dez crimes cometidos pelo suspeito em Guarulhos, entre julho de 2006 e agosto de 2008, amostra suficiente para a modelagem de uma superfície de probabilidade baseada na rotina JTC (Jorney to Crime) e a utilização de métodos centrográficos.

Começando pelos métodos centrográficos mais simples, observamos que, morando na R. Piratuba 99 no momento de sua prisão, o ataque mais distante ocorreu a 2.144 metros de sua casa, contra a vítima Keliane, e o mais próximo a apenas 380 metros, contra Vânia Correia. Conforme previsto pela teoria, a residência do autor estava dentro do perímetro interno formado pela ligação dos pontos em que os ataques ocorreram. Com efeito, a residência ficava a 502 mts do centro de mínima distância dos 10 ataques e a apenas 359 mts do Centro Médio dos ataques.

Contradizendo o esperado pela teoria, contudo, seus últimos ataques - como os de Aline e Graziele - foram ainda mais próximos de sua residência do que os primeiros. A teoria sugere que nos primeiros casos o criminoso está ainda "praticando" sua arte e que posteriormente, conforme ganha mais experiência e para evitar as áreas anteriores, vai se afastando progressivamente. O fato de o autor ser um viciado em crack pode explicar esta aparente irracionalidade, ou ainda o fato das imediações da R. Vitor Costa serem especialmente propícias para a consumação dos crimes.

Passando agora para as superfícies de probabilidades geradas pelo Crimestat, construímos dois diferentes modelos (exponencial negativo truncado e linear), pois, como a residência do autor já nos era conhecida de antemão, observamos que o autor quase não deixou um grande "buffer" de segurança ao redor de sua residência, como é comum nestes casos. Novamente aqui, o fato de o autor ser usuário de crack talvez ajude a entender esta falta de cuidado.

Em ambos os modelos a previsão é razoável, como mostram os mapas abaixo, especialmente no modelo linear, que se aproxima bastante dos resultados produzidos pelo método centrográfico: numa escala de probabilidade que vai de 25 a 121, a célula onde estava a residência do autor tinha probalidade 115, bastante próximo, portanto, da área mais provável.

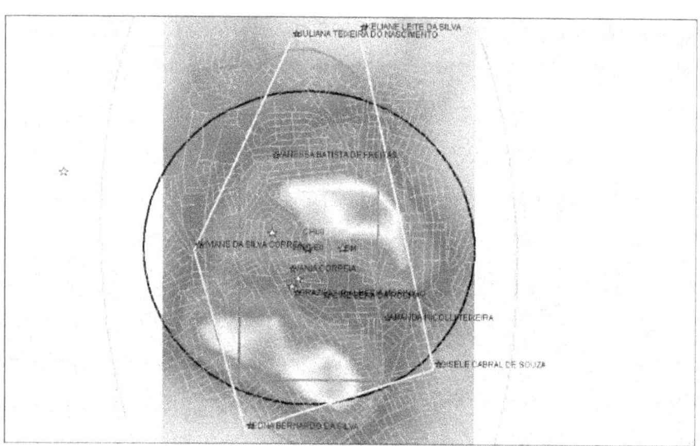

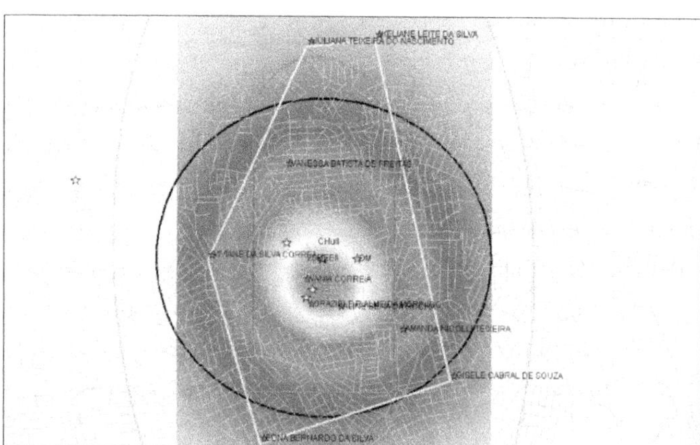

Vimos deste modo que tanto os métodos centrográficos simples quanto a rotina Jorney to Crime do Crimestat, que monta a superfície de probabilidade, apontam com razoável precisão de acerto a área de origem dos ataques, no caso a residência do autor, e confirma que a técnica pode ser utilizada em futuros casos onde o autor seja ainda desconhecido.

Mas se neste caso o autor já havia sido identificado e preso pela polícia e confessado parte dos crimes, qual a razão de aplicar a técnica de caracterização geográfica?

Ocorre que a autoria de vários dos crimes está longe ainda de ter sido confirmada: 3 outros suspeitos foram presos como autores da morte de Vanessa Batista de Freitas e afiram ter confessado sob tortura. Leandro, o Maníaco de Guarulhos, por sua vez, confessou parte dos crimes, inclusive o de Vanessa Batista de Freitas, mas não o assassinato de Vanessa Kimura, a ele atribuído pela polícia. Ele alegou posteriormente também ter confessado sob tortura, complicando ainda mais o cenário. No caso do assassinato de Keliane Leite da Silva, 3 outros suspeitos são arrolados no Boletim de Ocorrência.

Como a caracterização geográfica poderia contribuir para a elucidação da autoria destes crimes? Mesmo que não tenha validade jurídica e trabalhe apenas com probabilidades e não certezas, a técnica pode trazer uma evidência adicional, a favor ou contra o suspeito, evidência que, junto 'as demais evidências, ajudam a tornar o cenário mais completo.

Neste caso específico, a caracterização geográfica da área de atuação do maníaco nos sugere que ele pode realmente não ter sido o autor do assassinato de Vanessa Kimura como sugerido pela polícia, uma vez que o local do crime fica a mais de 5 Km da residência do autor e completamente fora da área de atuação do autor. Por outro lado, o mapa sugere que tanto Vanessa Batista de Freitas quando Keliane Leite da Silva tenham realmente sido vítimas de Leandro e que os indivíduos investigados por estes crimes podem ser inocentes. Além disso, há o caso bastante semelhante de estupro ocorrido na rua Araguacema em novembro de 2006 que, embora ligeiramente fora do seu círculo de atuação, é próximo o bastante para sugerir sua participação também neste caso (vítima GKGO, 29, B.O DDM 474/2006).

Vimos assim que se trata de um método probabilístico e como tal não pode ser usado judicialmente, sendo útil antes como ferramenta policial para focar buscas numa área quando o autor ainda é desconhecido. Por outro lado, nada impede que seja utilizado também, como fizemos acima, para gerar hipóteses sobre a possível autoria de crimes. É claro que a partir destas sugestões, outras técnicas policiais e periciais devem ser utilizadas para a corroboração ou não destas hipóteses. Mas a caracterização geográfica pode ajudar a iluminar áreas não trabalhadas pelas demais técnicas, valendo então como ferramenta complementar para a investigação.

Limites da metodologia

1) O grau de "atratividade" dos locais de crime não é levado em conta. Por exemplo, a existência de uma área propícia para a consumação de um estupro, como uma área deserta ou uma concentração de bares, no caso do homicídio, ou ainda uma área residencial de casas pouco vigiadas, para o caso de furtos a residência.

2) A metodologia é particularmente útil para a localização de criminosos seriais: homicidas, estupradores, piromaníacos, arrombadores, extorquidores – e não se aplica a todo tipo de crime ou criminoso.

3) Criminoso não atua necessariamente a partir de sua residência mas também a partir do local de trabalho, lazer, ou locais em que morou no passado.

4) Assume-se de forma pouco realística que numa cidade todas as direções são igualmente prováveis e que as distâncias são uniformemente fáceis em todas as direções. Na verdade, sabe-se que padrões de deslocamento são únicos, definidos, entre outros, pela densidade da população, caminhos tradicionais, geografia física, meio de transporte, trânsito, obras, etc. Estas limitações tornam as jornadas assimétricas ao redor dos locais.

5) Número de casos: como qualquer método probabilístico, a precisão da previsão aumenta com a amostra: três ou cinco casos é o mínimo de casos recomendado, dependendo do autor, embora Rossmo cite que na média os casos nos quais a polícia utilizou o procedimento envolveram 14 casos.

6) Além de um mínimo de casos, Rossmo indica como pré-requisitos a) que o agressor tenha um ponto de origem estável no período dos crimes (85% dos casos é a própria residência) b) que o agressor esteja usando um método de "caça" apropriado e c) que o alvo seja razoavelmente uniforme

7) A metodologia não é totalmente aplicável para os casos de criminosos seriais que perseguem suas vítimas até suas casas

Em suma, como outras estimativas puramente estatísticas, o método deve ser visto com cautelas e como um complemento às demais formas de investigação.

O surgimento dos indicadores sociais esteve intimamente relacionado com o processo de expansão das atividades do setor público nos anos 60. Com a crescente complexidade das funções assumidas pelo Estado, surgiu paralelamente a necessidade de aperfeiçoar o fluxo de informações necessárias para a tomada de decisões práticas.

O que se busca através dos indicadores são principalmente sugestões sobre as tendências do fenômeno, sua magnitude, sazonalidade, sua localização espacial, e algumas sugestões sobre suas causas e consequências.

Os indicadores sociais possuem duas características importantes: eles são *substitutos* e são *medidas*. Como substitutos, explica-nos Michael Carley "os indicadores sociais não representam a si mesmos. Ao contrário, traduzem conceitos sociais abstratos ou não mensuráveis em termos operacionais, tais como "ruas seguras", e que permitem o exame e a análise de conceitos, tais como "número de dias sem crime". Um indicador social deve ser sempre relacionado a um conceito não mensurável, ou uma *proxy* (variável criada para efeitos de simulação). E, enquanto *medidas*, os indicadores sociais referem-se às informações que, em termos conceituais, são quantificáveis.."[5] Adotando a proposta sugerida pelo autor, definiremos aqui indicadores sociais como: "medidas de uma característica observável de um fenômeno social e que estabelecem o valor de uma característica diferente, mas não observável do fenômeno".

Justificativas

Através da criação de Índices - inúmeros no meio econômico, tais como os de custo de vida, BOVESPA, de desemprego, etc. - os agentes procuram reduzir a margem de incerteza que gira ao redor de qualquer decisão, prevendo a evolução futura dos fatos e avaliando a eficiência das medidas postas em prática para contornar os fenômenos mensurados pelos indicadores.

Também no âmbito da segurança pública é preciso forjar um instrumento para avaliar o fenômeno da criminalidade e as políticas elaboradas para combatê-lo.

1) A discussão da criminalidade tem sido levada a cabo quase sempre de maneira impressionista: conforme a evidência ou o período que se utilize - número de homicídios, roubos, /escolha de um mês atípico como origem, etc. - pode-se tanto afirmar que a criminalidade está aumentando quanto o seu contrário. Na medida em que se trata de um tema sensível para a opinião pública, manipular os números referentes à criminalidade não é tarefa difícil para os governos que o desejarem, posto que não existe uma única maneira de apresentar os números. As

---

[5] *Michael Carley, 1985, pg.2*

"estatísticas", todos sabem, prestam-se muito bem a tais manipulações e dão uma aparência de cientificidade ao discurso político.

2) Além da questão do uso direcionado, como não existe nenhuma medida válida para mensurar a criminalidade, não há como verificar o nexo entre fatos que se acreditam relacionados. Assim, como avaliar a alegação de que a violência no combate ao crime varia proporcionalmente ao aumento ou diminuição da criminalidade? Ou mesmo a crença comum de que existe alguma relação entre a inflação ou o desemprego com a criminalidade? Entre aumento do encarceramento e diminuição da criminalidade? Reportando-se às variáveis mais diretamente manipuláveis, é possível estabelecer um nexo entre o efetivo policial nas ruas, o número de viaturas e as variações no nível de criminalidade? No estado atual, é bastante árdua a tarefa de responder a tais indagações. Estas e outras questões poderão ser mais bem respondidas com um Índice de Criminalidade que situe aos agentes vinculados às questões da segurança pública sobre a evolução do crime, tal qual faz a BOVESPA em relação aos aumentos e quedas na bolsa de valores.

3) O cidadão tem o direito de ser informado sobre a evolução de um fenômeno que afeta intimamente sua vida, e informado corretamente.

4) Como em outros setores da administração, os recursos para a área de segurança pública são finitos e os responsáveis por sua gestão necessitam de precisão para saber quais as ações que asseguram o máximo benefício para a população. É preciso abandonar o amadorismo que tem vigorado na área e trabalhar sobre bases mais seguras. O desperdício no gerenciamento dos escassos recursos públicos na área de segurança é um luxo ao qual os governos democráticos não podem se entregar.

5) A análise desagregada dos delitos, através de tabelas enormes com os números absolutos de todos os crimes, mês a mês, costuma resultar numa "sobrecarga de informações", prejudicando uma visualização e um tratamento mais abrangente do fenômeno da criminalidade. O IC faz uma espécie de resumo da situação criminal naquele local e mês, permitindo a comparação entre locais e períodos.

A Escolha das Variáveis Componentes

O Índice de Criminalidade pode ser construído de diversas formas, cada qual com suas vantagens e desvantagens. Conforme alerta-nos Michael Carley, na introdução de sua obra sobre indicadores sociais, para construí-lo, como sugere a experiência brasileira na área, "não é necessário fazer grandes voos, investir demasiadamente em altas sofisticações estatísticas. O que se precisa, sem sombra de dúvida, é de um conjunto convergente e simples de indicadores, capazes de refletir uma realidade que está aí, desafiando a todos, e a exigir intervenções seguras e corretas."[6]

A determinação clara de qual é o objetivo do índice auxilia em muito na escolha do método e das variáveis mais adequadas. Assim, por exemplo, **não se trata da medição de qualquer tipo de delito, mas somente daqueles nos quais se pode presumir a intencionalidade do agente.**[7]

Depois de determinar o objetivo do índice é preciso selecionar quanto e quais serão seus componentes. O ideal é selecionar uma quantidade suficientemente grande de componentes e incluir somente os que sejam essenciais ao conceito que se pretende medir. Regra geral, um índice composto de qualquer fenômeno tem maior probabilidade de ser confiável do que se tomarmos o fenômeno por apenas um de seus componentes isolados. Uma cifra resumo é mais útil do que uma multiplicidade de indicadores isolados, pois os combina num todo mais significativo. Contudo, a confiabilidade do instrumento decresce com a inclusão de indicadores alheios ao conceito que se mede.

Após análises substantivas e estatísticas - foram selecionados para a construção do I.C os seguintes delitos: 1- homicídio (art.121); 2- estupro (art.213); 3- furto (art. 155); 4- roubo (art. 157)

A escolha de componentes para a formação de um indicador - bem como os esquemas de atribuição de pesos - apesar da aparente objetividade dos métodos utilizados, não está isenta de juízos de valor. Como recomenda Carley, a melhor maneira de lidar com a influência dos valores é pelo reconhecimento de que a escolha dos componentes e dos esquemas de ponderação são ações políticas e que devem ser publicamente examinadas pois sempre seria possível construí-los de outra forma.

Estes delitos foram selecionados como um grupo que fornece uma medida abreviada e conveniente do problema do crime, uma vez que nem todos os crimes interessam tanto à polícia ou à sociedade, nem todos são "intencionais" e nem todos os crimes importantes ocorrem com regularidade suficiente para serem incluídos num índice.

Ponderação

Escolhidos os delitos para a construção do Índice, resta a questão de *se* e *como* atribuir pesos relativos a cada um deles. A atribuição de pesos às variáveis é uma tentativa de expressar as diferenças na importância relativa dos componentes isolados que formam o índice. A atribuição de pesos quase sempre implica numa arbitrariedade por parte do pesquisador. A fim de evitar escolhas pessoais, optamos por ponderar os delitos segundo a

---

[6] *Michael Carley, 1985, Prefácio à Edição Brasileira.*

[7] *Daí a razão da não inclusão no Índice de indicadores tais como homicídios culposos ou lesões corporais ocasionadas por acidentes de trânsito.*

gravidade média socialmente atribuída a cada um deles, que pode ser inferida pela punição que a sociedade prevê a cada tipo de delito.

Metodologicamente, este esquema de atribuição de pesos equivaleria à utilização do "método da opinião especializada", onde os pesos são baseados na estimativa de profissionais e pessoas com experiência numa dada área.

Os pesos foram atribuídos segundo a gravidade do delito cometido, a qual, por sua vez, foi calculada segundo a pena média prevista para cada delito no Código Penal:

Delito	Pena Média em Anos
1- homicídio doloso	13
2- furto de veículo	2,5
3- roubo	7
4- estupro	4

Recorde-se que a não ponderação é também uma forma de ponderação e que, como alerta Carley, "quando nenhum esquema de ponderação diferencial é utilizado, isto é, quando a cada indicador se atribui um peso igual, a escolha prévia dos indicadores torna-se extremamente importante e, na verdade, isso simplesmente transfere a atribuição de peso para a escolha dos indicadores". [8]

Padronização

Os dados sobre criminalidade são costumeiramente apresentados numa divisão pelo número de habitantes, a fim de tornar os números equiparáveis. O pressuposto é o de que, à medida que a população aumenta, o número absoluto de crimes também aumente. Assim, antes de aplicar os esquemas de ponderação, padronizamos os dados, ou seja, utilizamos o número absoluto de delitos por habitante na construção do I.C.

---

[8] Michael Carley, 1985, p.89

Seleção do período base:

A seleção do período base é uma questão de grande importância e em sua escolha devem considerar-se dois aspectos:

a) deve-se tomar como base um período "normal", onde os valores não sejam nem muito altos nem muito baixos. Se o período base tomado for atípico, o I.C poderá estar super ou subestimado nos meses de comparação.

b) deve-se tomar um período base não muito distante do período de comparação.

Fórmula:

No nominador da fórmula efetuamos a divisão do número de delitos no período de comparação que nos interessa, pelo número de habitantes do local, neste mesmo período. No denominador, por sua vez, dividimos o número de delitos que ocorreram no período escolhido para a base, pela população do período base. A ideia é eliminar as variações que podem ocorrer por mero aumento populacional. Fazemos isto para cada um dos quatro delitos que compõem o índice e posteriormente multiplicamo-los por seus pesos (pena média). Finalmente, somamos os resultados para compor o I.C.

A fórmula do I.C é dada por:

Equação 1- Fórmula do I.C

$$\frac{1}{\displaystyle\sum_{i=4} Pi}\left(\sum_{i=4}^{4} Pi \times \frac{PCi/POP(PC)}{PBi/POP(PB)}\right)$$

Onde

POP (PC) é a população do mês para o qual se deseja construir o índice;

POP (PB) é a população média no ano;

PCi é o número de casos do i-ésimo delito do mês que se deseja construir o índice;

PBi é o número médio de casos do i-ésimo delito ocorrido no ano;

Pi é a pena média em anos do i-ésimo delito.

Exemplo de construção

O governo federal disponibiliza mensalmente, através do Sinesp, dados sobre criminalidade nos Estados, entre 2015 e 2019. Com base nestas informações é possível analisar cada natureza criminal separadamente e construir um índice Nacional de Criminalidade como o proposto.

Usando a fórmula do IC e os dados do Sinesp observamos, por exemplo, que o Rio de Janeiro aparece com o maior Índice de Criminalidade entre os Estados e Santa Catarina como o menor. Apesar das taxas baixas de homicídio, DF e SP aparecem na lista dos mais violentos, pois as taxas de furto e roubo são elevadas nestas Estados. Observamos também que o IC no Rio cai de 232,9 em maio de 2018 para 199,8 em maio de 2019, uma redução de 14% e que a queda é generalizada nos Estados, passando o IC nacional de 122 em maio de 2018 para 101 em maio de 2019.

IC tabela

<table>
<tr><td rowspan="4">UF</td><td colspan="10" align="center">Mês/Ano</td></tr>
<tr><td colspan="5" align="center">2018</td><td colspan="5" align="center">2019</td></tr>
<tr><td colspan="3">T1</td><td colspan="2">T2</td><td colspan="3">T1</td><td colspan="2">T2</td></tr>
<tr><td>janeiro</td><td>fevereiro</td><td>março</td><td>abril</td><td>maio</td><td>janeiro</td><td>fevereiro</td><td>março</td><td>abril</td><td>maio</td></tr>
<tr><td>Rio de Janeiro</td><td>270,8</td><td>247,8</td><td>276,0</td><td>247,0</td><td>232,9</td><td>207,1</td><td>191,7</td><td>203,4</td><td>200,3</td><td>199,8</td></tr>
<tr><td>Pernambuco</td><td>185,7</td><td>161,1</td><td>171,1</td><td>161,3</td><td>161,9</td><td>130,1</td><td>123,8</td><td>135,6</td><td>138,1</td><td>148,3</td></tr>
<tr><td>Rio Grande do Norte</td><td>211,5</td><td>177,2</td><td>190,0</td><td>176,1</td><td>155,5</td><td>56,5</td><td>51,0</td><td>51,1</td><td>130,0</td><td>146,3</td></tr>
<tr><td>Distrito Federal</td><td>125,6</td><td>136,4</td><td>148,4</td><td>150,8</td><td>143,1</td><td>105,3</td><td>104,3</td><td>123,0</td><td>133,7</td><td>139,0</td></tr>
<tr><td>Piauí</td><td>106,5</td><td>99,3</td><td>114,3</td><td>96,7</td><td>100,2</td><td>112,0</td><td>105,7</td><td>116,0</td><td>125,1</td><td>134,2</td></tr>
<tr><td>Rondônia</td><td>125,7</td><td>106,1</td><td>125,0</td><td>125,8</td><td>109,2</td><td>138,8</td><td>138,7</td><td>158,3</td><td>139,2</td><td>131,3</td></tr>
<tr><td>Acre</td><td>199,4</td><td>110,1</td><td>98,7</td><td>106,0</td><td>141,6</td><td>149,3</td><td>132,0</td><td>118,4</td><td>135,0</td><td>131,0</td></tr>
<tr><td>São Paulo</td><td>127,1</td><td>129,0</td><td>135,0</td><td>134,0</td><td>135,9</td><td>113,3</td><td>104,9</td><td>115,6</td><td>117,3</td><td>118,1</td></tr>
<tr><td>Amapá</td><td>35,4</td><td>71,1</td><td>81,6</td><td>100,9</td><td>86,2</td><td>97,2</td><td>75,8</td><td>72,3</td><td></td><td>97,9</td></tr>
<tr><td>Rio Grande do Sul</td><td>163,2</td><td>135,9</td><td>157,9</td><td>143,8</td><td>122,9</td><td>120,6</td><td>106,2</td><td>100,0</td><td>104,1</td><td>97,2</td></tr>
<tr><td>Roraima</td><td>166,9</td><td>30,8</td><td>147,6</td><td>136,9</td><td>156,1</td><td>92,7</td><td>95,1</td><td>108,2</td><td>123,6</td><td>97,0</td></tr>
<tr><td>Sergipe</td><td>140,5</td><td>145,1</td><td>165,6</td><td>152,2</td><td>119,5</td><td>115,6</td><td>95,4</td><td>101,2</td><td>87,8</td><td>95,1</td></tr>
<tr><td>Goiás</td><td>166,4</td><td>149,8</td><td>157,3</td><td>145,6</td><td>136,7</td><td>108,7</td><td>101,9</td><td>100,6</td><td>93,7</td><td>92,8</td></tr>
<tr><td>Bahia</td><td>112,4</td><td>100,5</td><td>109,0</td><td>104,9</td><td>109,6</td><td>95,3</td><td>94,0</td><td>89,7</td><td>90,4</td><td>90,6</td></tr>
<tr><td>Alagoas</td><td>133,6</td><td>110,5</td><td>118,5</td><td>131,9</td><td>122,0</td><td>86,1</td><td>96,8</td><td>88,3</td><td>90,3</td><td>88,1</td></tr>
<tr><td>Paraná</td><td>106,1</td><td>102,5</td><td>107,1</td><td>100,3</td><td>92,0</td><td>81,3</td><td>75,2</td><td>50,0</td><td>77,3</td><td>84,2</td></tr>
<tr><td>Pará</td><td>130,2</td><td>112,4</td><td>119,5</td><td>118,9</td><td>109,7</td><td>76,6</td><td>62,3</td><td>90,6</td><td>78,0</td><td>82,8</td></tr>
<tr><td>Mato Grosso</td><td>96,0</td><td>82,9</td><td>99,0</td><td>92,0</td><td>93,5</td><td>98,4</td><td>86,5</td><td>91,2</td><td>91,1</td><td>79,7</td></tr>
<tr><td>Tocantins</td><td>106,1</td><td>90,6</td><td>113,0</td><td>102,7</td><td>95,0</td><td>69,3</td><td>73,8</td><td>73,6</td><td>86,2</td><td>76,6</td></tr>
<tr><td>Ceará</td><td>142,5</td><td>119,6</td><td>139,3</td><td>123,6</td><td>129,2</td><td>66,0</td><td>64,9</td><td>72,8</td><td>75,4</td><td>71,0</td></tr>
<tr><td>Amazonas</td><td>97,0</td><td>81,6</td><td>98,1</td><td>95,2</td><td>88,9</td><td>74,4</td><td>67,3</td><td>68,6</td><td>60,1</td><td>67,4</td></tr>
<tr><td>Espírito Santo</td><td>141,3</td><td>124,1</td><td>133,8</td><td>130,0</td><td>124,3</td><td>113,0</td><td>111,3</td><td>125,2</td><td>137,8</td><td>63,8</td></tr>
<tr><td>Paraíba</td><td>111,3</td><td>94,4</td><td>96,1</td><td>103,2</td><td>105,8</td><td>85,0</td><td>77,1</td><td>139,6</td><td>46,3</td><td>69,5</td></tr>
<tr><td>Maranhão</td><td>75,0</td><td>62,8</td><td>73,2</td><td>68,5</td><td>73,0</td><td>61,5</td><td>51,7</td><td>50,1</td><td>49,2</td><td>59,8</td></tr>
<tr><td>Mato Grosso do Sul</td><td>66,3</td><td>67,7</td><td>80,2</td><td>74,8</td><td>77,5</td><td>65,9</td><td>53,5</td><td>60,6</td><td>58,9</td><td>55,0</td></tr>
<tr><td>Minas Gerais</td><td>81,2</td><td>69,4</td><td>73,1</td><td>68,2</td><td>60,5</td><td>58,4</td><td>51,3</td><td>54,8</td><td>51,4</td><td>51,7</td></tr>
<tr><td>Santa Catarina</td><td>71,4</td><td>69,9</td><td>67,7</td><td>66,0</td><td>55,9</td><td>55,7</td><td>44,1</td><td>42,9</td><td>43,6</td><td>41,8</td></tr>
<tr><td>Total geral</td><td>133,6</td><td>121,8</td><td>133,2</td><td>126,2</td><td>122,0</td><td>102,6</td><td>93,8</td><td>101,3</td><td>100,9</td><td>101,1</td></tr>
</table>

+ableau

O gráfico abaixo traz o IC nacional mensal e mostra uma queda da criminalidade no país desde 2017. Note-se, contudo que a queda vem desacelerando nos últimos três meses, quando passou de -23,9 para -17,1, comparando maio de 2019 com maio de 2018

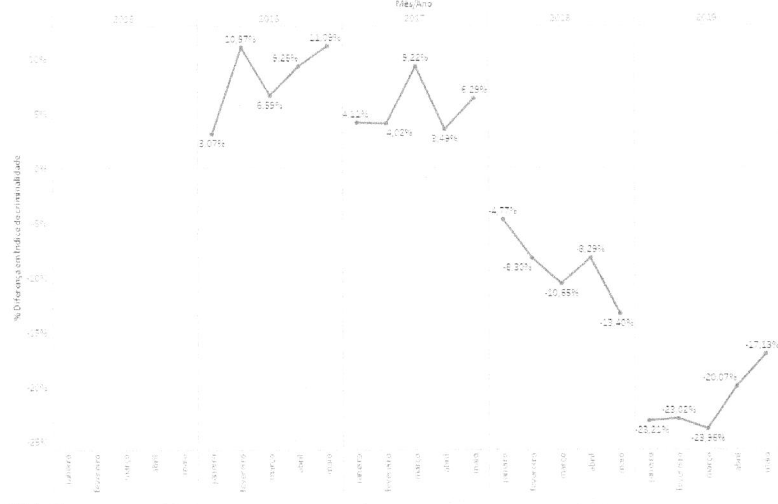

Em resumo, o IC permite diversas análises no tempo e no espaço e inaugura uma maneira inovadora de monitorar o fenômeno criminal no país. No projeto estaremos atualizando um sistema on-line que permitira análise mensal do indicador através de diversas tabelas e gráficos . O sistema pode estar embebido dentro do site de notícias. No link abaixo apresentamos algumas opções de visualização que podemos disponibilizar aos usuários

https://public.tableau.com/views/sinespmensal/ndicedeCriminalidade?:embed=y&:display_co unt=yes&:origin=viz_share_link